Christine Gruber

Wandern für die Seele in und um
Wien

20 Wohlfühlwege

Droste Verlag

ALLE WANDERUNGEN AUF EINEN BLICK

TOUR 1: UNBERÜHRTE AU — 7
Runde durch die Untere Lobau
8 km | 4 Hm | 2 Std. | Rundweg

TOUR 2: GRÜNE OASE — 15
Erholsame Praterrunde
11 km | 4 Hm | 2,5 Std. | Rundweg

TOUR 3: TIERE UND RUINEN — 25
Besuch im Naturpark Sparbach
8 km | 220 Hm | 2,5 Std. | Rundweg

TOUR 4: PARK MAL ZWEI — 35
Von Pötzleinsdorf aufs Hameau
11,2 km | 399 Hm | 3,5 Std. | Rundweg

TOUR 5: ÜBER DEN WOLKEN — 45
Durch den Naturpark Hohe Wand
8,2 km | 203 Hm | 2,5 Std. | Rundweg

TOUR 6: WIEN VON OBEN — 53
Rauf auf den Hermannskogel
7 km | 269 Hm | 2 Std. | Rundweg

TOUR 7: HOCH HINAUS — 61
Wanderung zur Jubiläumswarte
6,7 km | 226 Hm | 2 Std. | Rundweg

TOUR 8: IM FÖHRENWALD — 71
Burg Mödling und Husarentempel
8,2 km | 303 Hm | 2,5 Std. | Rundweg

TOUR 9: WIEN KULINARISCH — 79
Durch die Innere Stadt
10,1 km | 37 Hm | 2,5 Std. | Rundweg

TOUR 10: IM DOPPELPACK — 91
Leopolds- und Kahlenberg
11,1 km | 287 Hm | 3,5 Std. | Rundweg

TOUR 11: WEINIDYLLE   101
Langenzersdorf bis Stammersdorf
9,5 km | 195 Hm | 3 Std. | Strecke

TOUR 12: SISSIS SPUREN   111
Durch den Lainzer Tiergarten
12,8 km | 372 Hm | 3,5 Std. | Rundweg

TOUR 13: ROMANTISCHE BURG   121
Einmal um den Kalenderberg
6,4 km | 156 Hm | 2 Std. | Rundweg

TOUR 14: DURCH DIE WÜSTE   131
Malerische Tour in Mannersdorf
6,4 km | 118 Hm | 2 Std. | Rundweg

TOUR 15: BUNT GEMISCHT   139
Vom Kur- in den Vergnügungspark
10,8 km | 129 Hm | 3 Std. | Rundweg

TOUR 16: GESCHICHTE PUR   149
Auf Zeitreise am Tempelberg
6,3 km | 269 Hm | 2 Std. | Rundweg

TOUR 17: FRISCHES DUO   159
Von Liesing auf den Wienerberg
11 km | 55 Hm | 3 Std. | Strecke

TOUR 18: WASSER, MARSCH!   167
Einmal um die Alte Donau
11,1 km | 4 Hm | 3 Std. | Rundweg

TOUR 19: WIENS DSCHUNGEL   175
Runde durch die Obere Lobau
6,6 km | 70 Hm | 2 Std. | Rundweg

TOUR 20: AB ANS WASSER   183
Eine große Neue-Donau-Runde
13,3 km | 11 Hm | 3,5 Std. | Rundweg

Blick auf die Obere Alte Donau

Liebe Wohlfühlwanderinnen und -wanderer,

Wien mag auf den ersten Blick nicht wie ein klassisches Wanderziel wirken. Doch die österreichische Bundeshauptstadt weiß mit idyllischen Aulandschaften, sanften Weinbergen, erfrischenden Gewässern und beeindruckenden Aussichtspunkten zu überzeugen. Schnell hat man beim Wandern vergessen, dass man sich in einer Stadt mit knapp zwei Millionen Einwohnern befindet.

Aber auch ein Blick über die Stadtgrenze hinaus lohnt sich. Im Wiener Becken lädt vor allem der Wienerwald zum Entdecken ein. Hier sind die Wandermöglichkeiten schier unendlich und es erwarten Besucher romantische Burgen, kühle Wälder und eine beeindruckende Tier- und Pflanzenwelt. Außerdem sind auch das Leithagebirge oder die Gutensteiner Alpen einen Wanderausflug wert.

Der Fokus der 20 vorliegenden Wanderungen liegt auf Entschleunigung, Genuss, Erfrischung und Entspannung. Die Touren sind ein bunter Mix aus kurzen und längeren Strecken, die meisten von ihnen sind auch für Familien geeignet. Eines haben alle Wanderungen gemeinsam: viele kraftspendende Ruheoasen und herrliche Naturerlebnisse.

Ich wünsche Ihnen viele schöne Glücksmomente beim Wandern in meiner Wahlheimat und hoffe, Sie sind ebenso von der Vielfalt in und um Wien beeindruckt wie ich!

Ihre Christine Gruber

NATUR-INFO

KULTUR-INFO

TOUREN-/EVENT-INFO

GENUSS-INFO

- 8 Kilometer
- 4 Höhenmeter
- 2 Stunden
- Rundweg

Willkommen im Nationalpark

Auszeittour 1

Unberührte Au
Runde durch die Untere Lobau

Am Rande von Wien, entlang des nördlichen Ufers der Donau, befindet sich die zum Nationalpark Donau-Auen gehörende **Lobau.** Das 22 Quadratkilometer große Gebiet ist ein beliebtes Ziel für Radfahrer, Wanderer und Spaziergänger. Während sich in der Oberen Lobau (siehe Erfrischungstour 19) landwirtschaftlich genutzte Flächen, Wildbadeplätze und Lagerwiesen finden, ist die Untere Lobau naturbelassener und etwas weniger frequentiert. Hier liegen wichtige Rückzugsgebiete vom Aussterben bedrohter Tier- und Pflanzenarten, einigen davon begegnet man mit etwas Glück bei einer Wanderung.

Ausgangspunkt für unsere Rundwanderung ist der Parkplatz beim **Uferhaus Staudigl** ❶. Wir folgen der Forststraße geradeaus und finden uns bereits nach wenigen Metern unter dem dichten Blätterdach des Waldes. Sofort ist es etwas stiller und kühler und wir vergessen, dass wir uns am Rande einer Großstadt befinden. Dieser Straße folgen wir für knappe 2 Kilometer. Immer wieder blitzt auf der rechten Seite hinter den Bäumen das kühle Nass des **Eberschüttwassers** ❷ durch. Hier leben Karpfen, Hechte, Welse, Zander und einige weitere Fischarten sowie Würfelnattern und zahlreiche Enten, deren Laute uns begleiten.

Nach 900 Metern macht der Weg eine Biegung nach links und wir kommen linker Hand an einer saftig grünen Wiese vorbei. Rechts streben große Laubbäume in die Höhe. Wir folgen dem Weg weiter und tauchen nun ganz in die Lobau ein. Hier wird uns klar, wie viele Grüntöne es gibt, gleicht doch kein Blatt und

*Bis 1745 war die **Lobau** kaiserliches Jagdgebiet, 1905 wurde sie als wichtiges Stück des „Wald- und Wiesengürtels" zum Schutzgebiet erklärt. Seit 1918 ist die Obere Lobau im Besitz der Stadt Wien, die Untere Lobau gehört der Republik Österreich.*

Auszeittour 1

Eberschüttwasser

kein Strohhalm dem anderen. Aber auch die bunten Blüten der Pflanzen, die sich am Wegesrand finden, ziehen unsere Blicke auf sich.

Nachdem wir dem Weg für 2 Kilometer gefolgt sind, treffen wir auf eine Kreuzung und halten uns hier rechts. Der Weg führt über die **Kreuzgrundtraverse,** an dessen rechter Seite sich das Eberschüttwasser und an der linken Seite das Mittelwasser befindet. Wir erhaschen einen Blick auf ein paar Frösche, die sich auf Steinen sonnen, sowie Libellen unterschiedlicher Größen. Auch Europäische Sumpfschildkröten, Bisamratten, Reiher und Teichhühner lassen sich hier manchmal beobachten. Wie fast alle Gewässer in der Unteren Lobau sind das Eberschüttwasser sowie das Mittelwasser von einem dicken Schilfgürtel umgeben.

Wir gehen geradeaus weiter und halten uns an der nächsten Kreuzung ebenfalls wieder rechts. Wir verlassen kurz den Wald und gehen über eine Wiese, auf der Sanddorn und Robinien sowie mehrere kleine Büsche wachsen. Nach wenigen Minuten aber wird

Runde durch die Untere Lobau

Für die Seele

Wir tauchen ein in die unberührte und romantische Aulandschaft der Unteren Lobau. Dabei wandern wir durch grüne Wälder und an blauen Wassern vorbei.

der Weg wieder von Bäumen gesäumt. Zu den bereits bekannten Laubbäumen gesellen sich nun markante Föhren. Nach 300 Metern biegen wir links ab und folgen dem Weg, der uns jetzt geradewegs zum **Hubertusdamm** ❸ führt. Hierbei handelt es sich um einen Hochwasserschutzdamm, der die Lobau von der Donau trennt. Dem war nicht immer so. Vor der Donauregulierung am Ende des 19. Jahrhunderts wurde die Lobau von Donauwasser durchströmt. Mit der Regulierung wurde sie fast völlig von der oberflächlichen Wasserversorgung abgeschnitten. Gräben und feuchte

Hubertusdamm

Auszeittour 1

Senken verraten heute noch, wo früher Flussarme verlaufen sind.

Wir biegen rechts auf den Hubertusdamm ab und haben nun zwei Möglichkeiten, diesem zu folgen: entweder oben auf der Dammkrone oder unten auf der asphaltierten Straße. Entscheidet man sich für den Weg auf der Dammkrone, kann man auf die Donauinsel, die Neue Donau sowie den Ölhafen Lobau hinübersehen. Wählt man die Straße, muss man sich diese mit vielen Radfahrern teilen, da hier ein beliebter Radweg entlangführt. Egal, für welchen Weg man sich entscheidet, zumeist ist es windig! Und da es auch keine Schatten spendenden Bäume gibt, empfiehlt sich auf diesem Abschnitt der Wanderung vor allem im Sommer eine Kopfbedeckung.

Wir folgen dem Damm nun für 2 Kilometer. Auf diesen kommen wir am **Schwarzen Loch** ❹ und dem **Grundwasserwerk Lobau** vorbei. Hinter dem Damm

Schwarzes Loch

Donau-Oder-Kanal

befindet sich die **Anlegestelle des Nationalparkboots.** Donnerstags bis sonntags kann man mit diesem von der Salztorbrücke am Donaukanal in die Lobau fahren. Nach der Ankunft erhält man eine einstündige Schnupperexpedition durch die Au, ehe es mit dem Boot wieder zurück in die Stadt geht. Ein unterhaltsamer und zugleich informativer Ausflug für die ganze Familie!

Nach 2 Kilometern biegen wir an der großen Informationstafel über die Lobau rechts ab und tauchen wieder in den Wald ein. Wir lassen die Radfahrer nun erneut hinter uns und haben den dschungelartigen Wald der Lobau wieder fast für uns allein. Wir spazieren entlang des künstlich angelegten **Donau-Oder-Kanals** ❺. Dieser teilt die Lobau in zwei Bereiche, die Obere und Untere Lobau, und hätte ursprünglich eine Wasserstraße von der Lobau bis Oberschlesien führen sollen. Das Projekt wurde aber, unter anderem wegen ökologischer Bedenken, nie realisiert.

Mehrere kleine Pfade führen hinunter zum Donau-Oder-Kanal und geben einen wunderschönen Blick auf das dunkelblau schimmernde Wasser frei. Hier finden sich auch zahlreiche kleine und vor

*Neben der Fahrt mit dem Nationalparkboot werden auch zahlreiche weitere **Erlebnisse** wie geführte Wanderungen oder Schlauchboot- und Kanutouren angeboten. Ziel ist es, den Nationalpark erlebbar zu machen und auf seine wichtige Bedeutung hinzuweisen.*

*Die Untere Lobau ist **Ramsar-Gebiet**. Die Ramsar-Konvention bezeichnet das Übereinkommen über Feuchtgebiete von internationaler Bedeutung, insbesondere als Lebensraum für Wasser- und Watvögel. Mitglieder sind verpflichtet, die Biotope zu erhalten.*

Auszeittour 1

Waldbrettspiel

allem romantische Plätze für Picknicks direkt am Wasser. Wir nehmen auf einem Baumstumpf Platz, lauschen dem Summen der Libellen und erfreuen uns in vollen Zügen an diesem idyllischen Ort. Wer das kühle Nass des Donau-Oder-Kanals genießen will, der findet am Nordende des Kanals einen geeigneten Wildbadeplatz.

Nachdem wir auf den Weg zurückgekehrt sind, folgen wir diesem immer geradeaus und erreichen nach einer knappen halben Stunde wieder unseren Ausgangspunkt, das **Uferhaus Staudigl.** Wer unterwegs kein Picknick gemacht hat, der kann sich im Uferhaus mit österreichischer Hausmannskost stärken und die ereignisreiche Wanderung Revue passieren lassen.

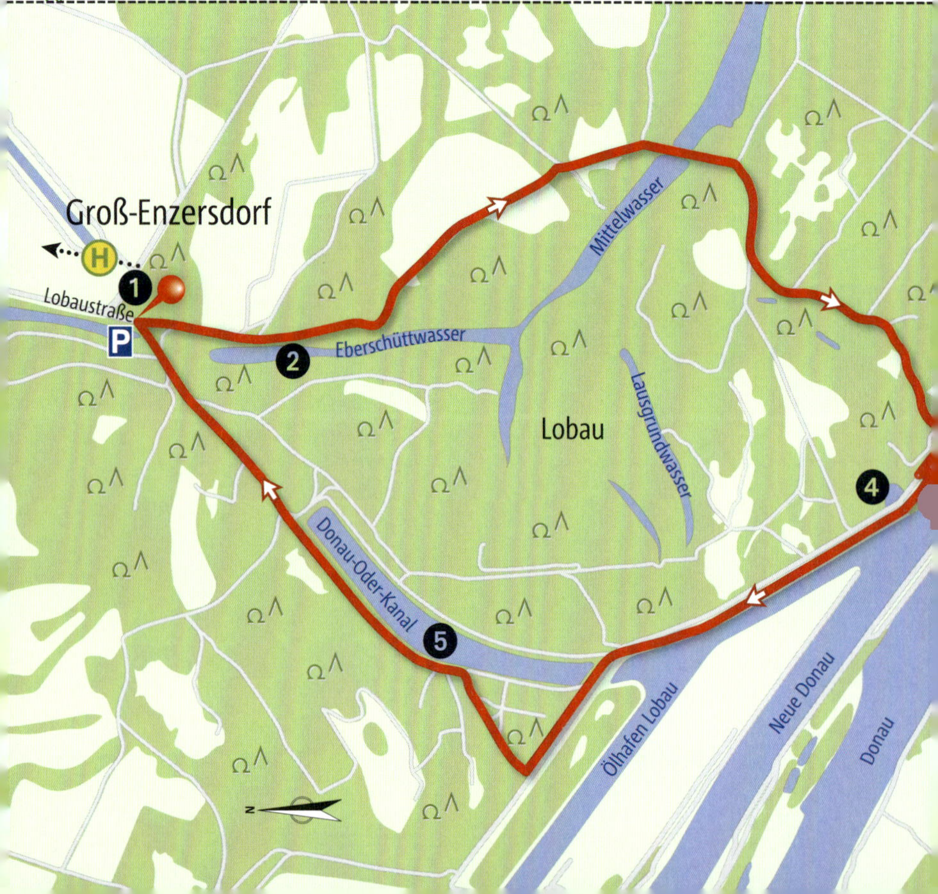

Alles auf einen Blick

Entspannung ✸✸✸✸✸
Genuss ✸✸✸✸✸
Romantik ✸✸✸✸✸

WIE & WANN:
Asphalt, Forst- und Waldwege; ganzjährig begehbar

HIN & WEG:
Auto: Parkmöglichkeiten beim Uferhaus Staudigl, 2301 Groß-Enzersdorf (GPS: 48.181408, 16.538086)
ÖPNV: Bus 26A bis Haltestelle Groß-Enzersdorf Busbahnhof, von dort circa 25 Minuten Fußweg zum Ausgangspunkt über Lobaustraße; Bus 551 bis Haltestelle Groß-Enzersdorf Auvorstadt, von dort circa 15 Minuten Fußweg zum Ausgangspunkt über Auvorstadtgasse und Lobaustraße

ESSEN & ENTSPANNEN:
Uferhaus Staudigl ❶ Lobaustraße 85, 2301 Groß-Enzersdorf, Tel. +43 (22 49) 27 33

ENTDECKEN & ERLEBEN:
Eberschüttwasser ❷
Hubertusdamm ❸
Schwarzes Loch ❹
Donau-Oder-Kanal ❺

Auszeittour 2

Grüne Oase
Erholsame Praterrunde

Wer den Namen „Prater" hört, der denkt zuerst vermutlich an den berühmten Wiener Wurstelprater, einen Vergnügungspark im zweiten Wiener Gemeindebezirk, der vor allem für sein Riesenrad bekannt ist. Der Freizeitpark nimmt jedoch nur einen sehr kleinen Teil des 6 Quadratkilometer großen Erholungsgebiets Prater ein, das aufgrund seiner Nähe zum Stadtzentrum sowie der vielfältigen Nutzungsmöglichkeiten einen hohen Stellenwert bei der Wiener Bevölkerung hat. Eine Wanderung durch das Erholungsgebiet ist die ideale Gelegenheit, die unterschiedlichen Facetten der grünen Lunge Wiens kennenzulernen.

Wir starten an der Kreuzung **Rustenschacherallee/Rotundenallee** und spazieren schräg über den geschotterten Weg der **Jesuitenwiese.** Schon nach wenigen Metern wird klar, warum der Prater auch „Grüner Prater" genannt wird. Nicht nur die Wiesen, sondern auch die vielen großen Bäume, die wir passieren, leuchten in unterschiedlichen Grüntönen. Und der Erholungseffekt setzt bereits nach wenigen Metern ein, denn den Verkehr der Großstadt lassen wir hinter uns, da der Kernbereich des Praters autofreie Zone ist.

Nach rund 600 Metern biegen wir rechts ab und gehen geradeaus weiter. Wenige Minuten später treffen wir erneut auf die **Rustenschacherallee** und überqueren diese. Ein schmaler, rechts und links bewachsener Pfad führt uns nun geradewegs weiter zur **Stadionallee,** die wir ebenfalls überqueren. Ein Schild weist uns den Weg zum ersten Highlight der Wanderung, dem Lusthaus.

*Der Prater wurde 1978 mit dem Ziel, die typische Struktur einer fast unberührten **Aulandschaft** zu erhalten, unter Landschaftsschutz gestellt. So werden etwa viele der Wiesen nur zweimal jährlich gemäht, um Tieren und Pflanzen ihren Lebensraum zu sichern.*

Jesuitenwiese

Lusthaus

Über die einladende **Wasserwiese** und vorbei am **Kleingartenverein Wasserwiese** gelangen wir zur Südosttangente, auf der über unseren Köpfen täglich Tausende Autos fahren. Wir gehen unter der Autobahnbrücke durch und biegen dann rechts auf die **Sulzwiese** ab. Nach 5 Minuten nehmen wir den linken der beiden vor uns liegenden Wege (beim **Kleingartenverein Sulzwiese**) und folgen diesem für 1,5 Kilometer. Wir befinden uns nun auf der idyllischen **Belvederealle,** auf deren linker Seite der unberührte Wald liegt, auf der rechten Seite reiht sich ein Obstbaum an den anderen. Am Ende der 1 Kilometer langen Allee erwartet uns das **Lusthaus** ❶. Dieses historische Gebäude aus dem 18. Jahrhundert bildet das südöstliche Ende der Prater Hauptallee und diente zu Zeiten der Monarchie als Jagdhaus. Heute befindet sich in dem achteckigen Pavillon ein Restaurant.

Erholsame Praterrunde

Für die Seele

Wir wandern durch Aulandschaften, entlang von Alleen und unberührten Gewässern. Unterwegs begegnen wir Tieren, Baumriesen und dem Wahrzeichen Wiens.

Wir umrunden das Lusthaus und biegen dann auf die von Pappeln gesäumte **Schwarzenstockallee.** Links befindet sich die **Lusthauswiese,** die wie alle Wiesen im grünen Prater ein idealer Ort für ein Picknick ist. Am Ende der 450 Meter langen Schwarzenstockallee biegen wir links ab, verlassen für kurze Zeit die großen Wiesen des Wiener Praters und tauchen in den Wald, der einen Großteil der Fläche des Praters einnimmt, ein. Dieser zeichnet sich vor allem durch seinen alten Baumbestand aus und beherbergt unter anderem einige über 200-jährige Baumriesen.

Begleitet vom Zwitschern der Vögel und dem Rascheln der Blätter, folgen wir dem Weg und stehen nach 5 Minuten vor der kleinen **Wallfahrtskirche Maria Grün** ❷. Eine Kirche mitten im Wald, wer hätte das gedacht! Die römisch-katholische Kirche wurde im Jahr 1924 erbaut und ist seither ein beliebter Wallfahrtsort. Kurz nehmen wir auf einer der Parkbänke, die auf dem Vorhof der Kirche stehen, Platz und lassen die Atmosphäre auf uns wirken.

Nach der kurzen Rast folgen wir dem Weg weiter, überqueren die **Aspernallee** und tauchen abermals in den dichten Wald ein. 15 Minuten lang spazieren wir nun vorbei an großen Laub- und Nadelbäumen,

*Der **Prater** wurde 1766 von Kaiser Joseph II. zur allgemeinen Benutzung freigegeben. Bis dahin diente er ausschließlich dem Jagdvergnügen des kaiserlichen Hofes. Bis 1918 war der Prater kaiserliches Eigentum. Heute gehört er der Stadt Wien.*

Wallfahrtskirche Maria Grün

Auszeittour 2

lauschen dem Klopfen einiger Spechte und begegnen einem der vielen Eichhörnchen des Wiener Praters. Auch eine Begegnung mit Rehen ist hier keine Seltenheit. Kaum zu glauben, dass man sich eigentlich noch mitten in der Stadt befindet.

Am Ende des Waldweges erwartet uns die **Hauptallee** ❸. Die 4,5 Kilometer lange Allee beginnt am Praterstern, endet am Lusthaus und wird von rund 2.600 Bäumen gesäumt. Hier tummeln sich täglich Läufer, Radfahrer und Reiter. Zudem ist die Hauptallee ein beliebter Austragungsort für Laufveranstaltungen. Für den Moment begnügen wir uns mit einem kurzen Besuch der Allee, auf die wir zu einem späteren Zeitpunkt der Wanderung wieder zurückkehren. Nach ein paar Metern auf der Hauptallee taucht auf der linken Seite nämlich das **Obere Heustadelwasser** ❹ auf, das man sowohl am rechten als auch am linken Ufer begehen kann. Wir entscheiden uns für das rechte Ufer und biegen auf den asphaltierten Weg ab. Im-

Oberes Heustadelwasser

Erholsame Praterrunde

Weg entlang des Oberen Heustadelwassers

mer wieder blitzt blaues Wasser durch das Gebüsch. Ursprünglich handelte es sich um einen Seitenarm der Donau, durch die Entwicklung des Praters wurde es jedoch zu einem Binnengewässer. An den Ufern des Oberen Heustadelwassers tummeln sich zahlreiche Enten, die uns mit ihrem lauten Gequake begleiten. Neben den bekannten Stockenten leben hier auch farbenprächtige Mandarinenten. Mit etwas Glück erhascht man einen Blick auf einen Eisvogel oder einen Graureiher. Hier pulsiert die Natur. Nach rund 1 Kilometer führt uns eine kleine Brücke über die idyllische Rosenlacke, nach weiteren 150 Metern treffen wir wieder auf die **Hauptallee.**

Wir stehen nun an der Kreuzung **Hauptallee/Stadionallee.** Folgt man der Stadionallee nach rechts, gelangt man zum **Ernst-Happel-Stadion,** dem National- und größten Stadion Österreichs. Neben Fußballspielen und

*Der Prater ist, typisch für ein Augebiet, sehr flach. Die höchste Erhebung ist der künstlich angelegte **Konstantinhügel** mit einer Höhe von 7 Metern. Zudem gibt es keine offiziell definierte Begrenzung des Naherholungsgebiets, sondern nur natürliche.*

🌳 Auszeittour 2

Liliputbahn

Leichtathletikveranstaltungen finden hier auch regelmäßig Musikkonzerte statt. Gleich nebenan befindet sich mit dem **Stadionbad** eines der größten Freibäder Wiens.

Der Hauptallee folgen wir nun für 2 Kilometer. Dabei haben wir die Wahl zwischen der asphaltierten Straße, auf der sich Läufer und Radfahrer tummeln, oder den schattigen Wegen rechts und links der Allee. Auf unserem Gang entlang der Hauptallee kommen wir links an der **Arenawiese** vorbei, überqueren die **Rotundenallee** und passieren den Hauptbahnhof der **Liliputbahn** ❺. Diese 3,9 Kilometer lange schmalspurige Eisenbahn fährt auf einem Rundweg durch den Prater und fasziniert seit 1928 Groß und Klein. Vielleicht die ideale Gelegenheit für eine kurze Pause? Wer sich lieber essend statt fahrend erholen will, dem bietet die Hauptallee ebenfalls mehrere Möglichkeiten. Entlang des Weges kommen wir an verschiedenen Einkehrmöglichkeiten vorbei, unter anderem bei **Die Allee** ❻ und dem **Cafe Restaurant meierei** ❼. Neben Restaurants finden sich im gesamten Gebiet auch viele Picknicktische, die zum Essen mitten in der Natur einladen.

Wir befinden uns nun fast am Ende der Hauptallee. Nach dem **Pratermuseum** biegen wir rechts auf den **Platz der Meilensteine** ab. Wir gehen bis zum Brunnen, wo uns ein herrlicher Blick auf das berühmte **Riesenrad** ❽ erwartet. Das 65 Meter hohe Wahrzeichen der Stadt wurde 1897 zur Feier des Thronjubiläums Kaiser Franz Josephs I. errichtet und bietet einen tollen Ausblick über die Stadt. Wer nicht genug vom Anblick des Riesenrads bekommen kann, dem sei ein Picknick auf der vor uns liegenden **Kaiserwiese** empfohlen. Hier hat

Erholsame Praterrunde

man das beeindruckende Bauwerk immer im Blick. Oder wie wäre es gar mit einer Fahrt in luftiger Höhe?

Wir verlassen den Platz der Meilensteine, mit ihm das Riesenrad und kehren noch einmal zurück zur **Hauptallee.** Dort halten wir uns links, biegen aber nach knapp 300 Metern beim **Denkmal** des österreichischen Komponisten Carl Michael Ziehrer rechts ab. Der Weg führt zuerst geradeaus und dann links. Die Kastanien, die uns auf der Hauptallee begleitet haben, weichen nun Föhren, Bänke laden zum Verweilen ein. Wir passieren nach einem Beachvolleyballplatz die Zirkuswiese und gelangen nach circa 10 Minuten zum **Konstantinteich** ❾**.** Dieser ist das einzige künstlich angelegte Gewässer im Erholungsgebiet und Heimat zahlreicher Europäischer Sumpfschildkröten, die sich im Sommer gerne am Ufer sonnen.

Begleitet von glitzernden Libellen spazieren wir am rechten Ufer des Teichs am **Laternenweg** entlang.

Konstantinteich

Auszeittour 2

Der Prater bietet auf 127.000 Quadratmetern viele **Spiel- und Sportplätze**. So finden sich unter anderem Fußball-, Tischtennis- und Beachvolleyballplätze, Disc-Golf-Anlagen, Langlaufloipen, ein Rodelhügel, ein Skatepark sowie Fitnessgeräte.

Bei einem Blick über die Schulter sehen wir das 117 Meter hohe Kettenkarussell, den Prater Turm des Wurstelpraters. Nach wenigen Metern erreichen wir den **Konstantinsteg,** eine der ältesten Brücken Wiens, und wechseln auf die andere Seite des Teichs. Dieser erinnert an dieser Stelle eher an einen Sumpf, dicht bewachsen mit Schilf und Bäumen, die ins Wasser ragen.

Wir folgen dem Weg, der eine leichte Biegung nach links macht, und spazieren zwischen Sportanlagen und Tennisplätzen zur **Rotundenallee.** Hier biegen wir rechts ab und folgen der Allee, ehe wir nach rund 450 Metern wieder den Ausgangspunkt unserer Runde durch den grünen Prater erreichen.

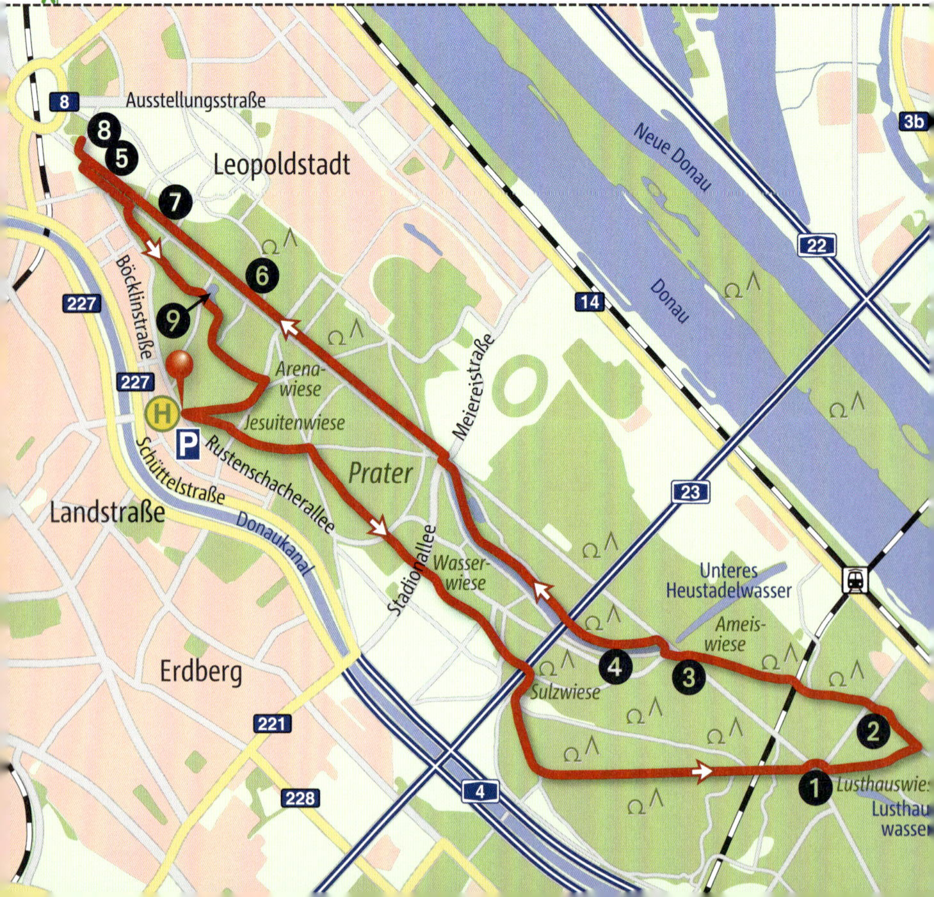

Alles auf einen Blick

Entspannung ✸✸✸✸✸
Genuss ✸✸✸✸✸
Romantik ✸✸✸✸✸

WIE & WANN:
Asphalt, Forst- und Waldwege; ganzjährig begehbar

HIN & WEG:
Auto: Parkmöglichkeiten in der Nähe der Kreuzung Rustenschacherallee/Rotundenallee, 1020 Wien (GPS: 48.206153,16.400694)
ÖPNV: Straßenbahn 1 bis Station Wittelsbachstraße, von dort circa 1 Minute Fußweg zum Ausgangspunkt über Wittelsbachstraße

ESSEN & ENTSPANNEN:
Lusthaus ❶ Freudenau 254, 1020 Wien, Tel. +43 (1) 7 28 95 65, www.lusthaus-wien.at
Die Allee ❻ Hauptallee 124, 1020 Wien, Tel. +43 (1) 2 52 09, www.dieallee.at
Cafe Restaurant meierei ❼ Hauptallee 3, 1020 Wien, Tel. +43 (1) 7 28 02 66, www.meierei.at

ENTDECKEN & ERLEBEN:
Wallfahrtskirche Maria Grün ❷ Aspernallee 1, 1020 Wien
Hauptallee ❸
Oberes Heustadelwasser ❹
Liliputbahn ❺ Prater 99, 1020 Wien, Tel. +43 (1) 7 26 82 36
Riesenrad ❽ Gaudeegasse 1, 1020 Wien, Tel. +43 (1) 7 29 54 30
Konstantinteich ❾

Ruine Johannstein

- 8 Kilometer
- 220 Höhenmeter
- 2,5 Stunden
- Rundweg

Auszeittour 3

Tiere und Ruinen
Besuch im Naturpark Sparbach

In Sparbach befindet sich der 1962 gegründete und älteste Naturpark Österreichs. Mitten im südlichen Wienerwald gelegen, lockt er mit Highlights wie Wildschweinen, Baumriesen, Ruinen und großzügigen Wiesen. Im **Besucherzentrum** ❶ erfährt man alles, was man über den Naturpark wissen muss. Zudem bildet es den Ausgangspunkt für unsere Wanderung.

*1812 ließ Johann Joseph Fürst von Liechtenstein hier einen Tiergarten für die Jagd errichten. 1958 wurde vom Land Niederösterreich und der Fürstlichen Liechtensteinischen Verwaltung die Errichtung eines **Naturparks** beschlossen, welcher 1962 eröffnet wurde.*

Wir verlassen das Besucherzentrum und betreten durch ein hölzernes Tor den Naturpark. Wir biegen links ab und gelangen zum gut begehbaren Forstweg, der sich durch den ganzen Naturpark zieht. Dort angekommen, halten wir uns links und folgen dem Schild in Richtung „Ruine Johannstein" geradeaus. Schon nach wenigen Metern machen wir einen kurzen Halt am **Kleintiergehege** ❷. Hier freuen sich Ziegen und Esel über die Besucher und Streicheleinheiten. Kurz hinter dem Kleintiergehege befindet sich die **Wildschweinfutterstelle** ❸, an der man mit etwas Glück eines (oder mehrere) der im Naturpark ansässigen Wildschweine sieht. Wir können es kaum glauben und erblicken gleich mehrere Tiere. Auch wenn die Wildschweine niedlich aussehen, sollte man ihnen mit Vorsicht begegnen und genügend Abstand halten. Gerade wenn weibliche Tiere

Wildschweinfutterstelle

Ausblick von der Ruine Johannstein

mit ihrem Nachwuchs unterwegs sind, können diese angreifen, wenn sie sich bedroht fühlen!

Nach diesen tierischen Begegnungen setzen wir unsere Wanderung fort und folgen dem Weg geradeaus. Nach etwas mehr als 200 Metern erreichen wir den **Lenauteich** ❹. Von einer kleinen Aussichtsplattform kann man die im See lebenden Rotfedern und Karpfen beobachten. Inmitten des Sees befindet sich eine kleine Insel, auf der jede Menge Enten in Holzhäuschen nisten können. Unter anderem sind hier auch die bunten Mandarinenten heimisch.

Wir setzen unseren Weg geradeaus fort und passieren den **Abenteuerspielplatz,** der Kinderherzen höherschlagen lässt und daher ein beliebtes Ausflugsziel für Familien ist. Nach 5 Minuten macht der Weg eine Biegung nach rechts und bringt uns zu einer Kreuzung. Hier müssen wir erst mal die Luft anhalten. Denn vor uns thront imposant die Ruine Johannstein auf einem Felsen. Wir biegen links ab und folgen dem Schild, das uns den Weg zur beeindruckenden Ruine weist. Leicht bergauf geht es nun zur Ruine Johannstein. Bevor wir diese jedoch erreichen, kommen wir noch an Riesen vorbei – und zwar an **Baumriesen** ❺. Damit sind

Der Schauspieler und Dichter **Ferdinand Raimund** *nutzte die Wienerwaldlandschaft immer wieder als Ort zum Schreiben. So soll er unter anderem auf der Ruine Johannstein sein 1828 erschienenes Werk „Der Alpenkönig und der Menschenfeind" vollendet haben.*

Besuch im Naturpark Sparbach

Für die Seele

Der älteste Naturpark Österreichs überzeugt mit tierischen Begegnungen, imposanten Baumriesen, beeindruckenden Ruinen und hübschen Aussichten.

mehrere über 200 Jahre alte Bäume gemeint, die dem Naturpark ein ganz besonderes Flair verleihen. Da der Wienerwald hier kaum forstlich genutzt wurde, hatten die Bäume Zeit und Ruhe, um zu wachsen. Einer dieser Baumriesen ist die 30 Meter hohe Raimund-Föhre, benannt nach dem Dichter und Schauspieler Ferdinand Raimund. Sanft wiegen sich die langen Äste der Bäume im Wind, von den Baumkronen tönt der wohlklingende Gesang mehrerer Vögel.

Wir setzen unsere Wanderung fort und erreichen nach rund 230 Metern die **Ruine Johannstein** ❻, deren genaue Entstehungszeit nicht gesichert ist. Fast völlig vom Wald umschlossen, thront die Burgruine auf einem Felsvorsprung und bietet einen herrlichen Ausblick auf den Wienerwald. Über eine Brücke kann die Ruine betreten und erkundet werden.

Nach dem Besuch der Ruine setzen wir unsere Wanderung fort. Wir folgen dem Forstweg geradeaus und marschieren durch den dichten Wienerwald. Nach etwas mehr als 600 Metern gelangen wir an eine Kreuzung, an der wir links abbiegen und dem Schild in Richtung „Dianawiese" folgen. Auf dem Weg dorthin passieren

Baumriese

Auszeittour 3

Triumphbogen

*Eine Besonderheit des Naturparks ist sein dichter **Wildbestand**. Neben Wildschweinen leben hier auch Mufflons und Damwild. Zudem finden sich viele weitere Tier- und Pflanzenarten im Park, wie mehrere Orchideen-Gattungen sowie Gottesanbeterinnen.*

wir die Lehnwiese, ein Wildschutzgebiet, das nicht betreten werden darf. Genau hinzuschauen, lohnt sich aber trotzdem, da hier immer wieder Wildschweine anzutreffen sind. Nach 10 Minuten erreichen wir die 8 Hektar große **Dianawiese.** Die leicht abfallende Wiese ist Lebensraum für zahlreiche geschützte Pflanzenarten. Wir biegen leicht links ab und folgen dem Weg, der uns zum **Triumphbogen** ❼ sowie zur **Fürsten-Föhre** ❽ bringt. Der Triumphbogen wurde im 19. Jahrhundert im Zuge der Gestaltung des Tierparks Sparbach errichtet. Gleich neben dem Bogen findet sich die imposante, mehrere Hundert Jahre alte Fürsten-Föhre. Hier liegt ein schöner Rastplatz, ideal für ein kleines Picknick. Zudem stehen unter der Föhre mehrere Baumliegen, die zum Träumen einladen.

Nachdem wir kurz auf einer der Baumliegen innegehalten haben, setzen wir unsere Wanderung fort. Wir folgen dem schmalen Pfad nordwärts über die Wiese, biegen nach 50 Metern rechts ab und nach

Köhlerhausruine

weiteren 30 Metern links. Nun gehen wir geradeaus über die Dianawiese. Wir erreichen nach 140 Metern den Wald und biegen links ab. Ein Schild weist uns den Weg in Richtung der Köhlerhausruine. Dem Waldweg folgen wir nun für 20 Minuten. Durch den dichten Wienerwald wandern wir gemütlich über größere und kleinere Wurzeln hinauf zur **Köhlerhausruine** ❾, die auf 571 Metern über dem Meeresspiegel liegt. Bei der Ruine selbst handelt es sich wie beim Triumphbogen um ein im Auftrag von Fürst Liechtenstein künstlich angelegtes Bauwerk. Einen Besuch ist die Ruine, die als Aussichtswarte dient, dennoch wert! Denn der Ausblick reicht weit über den Wienerwald hinaus.

Nachdem wir die Aussicht genossen haben, kehren wir über denselben Weg wieder zur Dianawiese zurück. Allerdings gehen wir dieses Mal nicht über die Wiese, sondern um diese herum. Dazu halten wir uns an der Kreuzung geradeaus und bleiben auf der Forststraße. Dieser folgen wir nun für 800 Meter. Wir kommen an eine Kreuzung, an der wir uns links halten und dem Schild in Richtung „Schacherplatz" folgen. Wir kommen an einem Waldstück vorbei, auf dem

Besuch im Naturpark Sparbach

junge Eichen und Elsbeeren wachsen. Hierbei handelt es sich um ein Aufforstungsprojekt, welches gemeinsam mit Kindern realisiert wurde.

Nach etwas mehr als 400 Metern kommen wir erneut an eine Kreuzung. Hier folgen wir dem Forstweg weiter geradeaus. Nach 170 Metern erreichen wir den **Schacherplatz,** wo man an überdachten Picknicktischen eine Rast einlegen kann. Nun führt uns der Weg leicht bergab durch den Wienerwald. Wie im gesamten Naturpark gilt: Augen offen halten! Denn wer weiß, eventuell zeigt sich ja noch einmal ein Wildschwein? Und tatsächlich entpuppt sich nach wenigen Metern das Rascheln im Gebüsch als ebensolches!

Nach 1 Kilometer halten wir uns rechts und folgen dem Weg weiter. 5 Minuten später erreichen wir die **Leopold-Mühle** ❿ an der Südseite des Lenauteichs. Die Mühle stammt aus der Bucklingen Welt im Südosten Niederösterreichs und wurde in den 1960er-Jahren im

Leopold-Mühle

Auszeittour 3

Naturpark aufgebaut. Das große Wasserrad wird vom Sparbach, der durch den Park und den Lenauteich fließt, angetrieben. Nach der Mühle biegen wir links ab und überqueren den Sparbach über eine kleine Brücke. Danach halten wir uns erneut links und betreten bekanntes Terrain. Der Forstweg führt uns wieder zur **Wildschweinfutterstelle** sowie dem **Kleintiergehege.** Wir werfen noch einen Blick auf die Ziegen und Esel, bevor wir das **Besucherzentrum** und somit das Ende unserer Rundwanderung erreichen. Hier gibt es ausreichend Sitzmöglichkeiten, um sich nach der Wanderung zu erholen. Stärkung verspricht die kleine Speisekarte mit regionalen Spezialitäten wie Wildschwein-Käsekrainer oder Hirschrohwürstel.

Alles auf einen Blick

Entspannung ✺✺✺✺✺
Genuss ✺✺✺✺✺
Romantik ✺✺✺✺✺

WIE & WANN:
Forst- und Waldwege; Öffnungszeiten des Naturparks beachten

HIN & WEG:
Auto: Parkmöglichkeiten beim Naturpark Sparbach, 2393 Sparbach
(GPS: 48.076049, 16.187462)
ÖPNV: Regionalzug (Richtung Payerbach-Reichenau) bis Bahnhof Mödling, danach mit Bus 264 (Richtung Sittendorf im Wienerwald) bis Haltestelle Sparbach im Wienerwald Tiergartensiedlung, von dort circa 3 Minuten Fußweg zum Besucherzentrum

ESSEN & ENTSPANNEN:
Einkehrmöglichkeit im Besucherzentrum ❶ Sparbach 6, 2393 Sparbach,
Tel. +43 (22 37) 76 25, www.naturpark-sparbach.at

ENTDECKEN & ERLEBEN:
Kleintiergehege ❷
Wildschweinfutterstelle ❸
Lenauteich ❹
Baumriesen ❺
Ruine Johannstein ❻
Triumphbogen ❼
Fürsten-Föhre ❽
Köhlerhausruine ❾
Leopold-Mühle ❿

- 11,2 Kilometer
- 399 Höhenmeter
- 3,5 Stunden
- Rundweg

Im Pötzleinsdorfer Schlosspark

Auszeittour 4

Park mal zwei
Von Pötzleinsdorf aufs Hameau

Auf dieser Wanderung gehen wir durch breite Alleen, über weite Wiesen, steigen auf (für Wiener Verhältnisse) hohe Berge und lernen dabei den Pötzleinsdorfer Schlosspark sowie den Schwarzenbergpark kennen. Unsere Runde beginnt in Pötzleinsdorf am Eingang zum Pötzleinsdorfer Schlosspark an der Ecke **Pötzleinsdorfer Straße/Geymüllergasse.**

Wir gehen geradeaus durch das Eingangstor des Parks und folgen dem Weg, der uns zu einem Übersichtsplan des Geländes führt. Hier biegen wir rechts ab und gehen geradeaus. Schon auf den ersten Metern zeigt sich die 354.000 Quadratmeter große Grünfläche von ihrer besten Seite: große, Schatten spendende Bäume, zahlreiche Bänke zum Ausruhen und Genießen, saftig grüne Wiesen. Nach 160 Metern macht der Weg eine Biegung nach links. Wir folgen ihm und halten uns auch an der nachfolgenden Kreuzung geradeaus. Wir erreichen die **Sequoienwiese ❶,** auf der sich riesengroße Mammutbäume befinden. Die mehr als 30 Meter hohen Bäume mit ihren mächtigen, kegelförmigen Kronen ziehen uns sofort in ihren Bann. Aber noch etwas zieht unseren Blick hier auf sich: Hinter den Bäumen, mitten in der Wiese, steht eine antike **Figur ❷.** Es handelt sich um eine von insgesamt vier Figuren aus dem Wiener Ringtheater, die die vier Stimmtypen des Gesangs (Sopran, Alt, Tenor, Bass) darstellen. 1881 kam es im Theater zu einem verheerenden Brand. Die Figuren überstanden die Katastrophe nahezu unversehrt, wurden vom damaligen Besitzer des Schlosses Pötzleinsdorf erworben und im Park

Sequoienwiese

aufgestellt. Die Figur, die wir hier sehen, symbolisiert das „Alt".

Wir folgen dem Weg weiter geradeaus und kommen nach etwa 100 Metern an eine Kreuzung. Links sehen wir eine weitere Statue, die Figur „Tenor", sowie einen kleinen griechischen Tempel, den **Preindl-Salettl** ❸. Hier handelt es sich um ein ehemaliges Lusthaus, welches nach der Tänzerin Maria Preindl, einer der berühmtesten Kurtisanen zur Zeit des Wiener Kongresses (1814–1815), benannt ist. Heute ist der Tempel nicht nur hübsch anzusehen, sondern auch ein beliebtes Ausflugsziel im Pötzleinsdorfer Schlosspark.

Wir wandern geradeaus weiter und passieren die weite **Azaleenwiese.** In einiger Entfernung sehen wir die Figuren „Sopran" und „Bass" am Waldesrand stehen. Links kommen wir an einem kleinen Teich vorbei. Nahezu der gesamte Weg wird von Parkbänken gesäumt. Ideal, um sich die Sonne ins Gesicht scheinen zu lassen und dem Zwitschern der Vögel zu lauschen. Nach 250 Metern biegen wir links ab und folgen

Von Pötzleinsdorf aufs Hameau

Für die Seele

Wir wandern durch englische Landschaftsgärten, zu einem Hollanddorf und auf einen Berg. Dabei finden wir Mammutbäume, Statuen und idyllische Ruheplätze.

dem Weg. Dieser führt uns leicht bergauf entlang der **Großen Wiese** und der **2.-Teich-Wiese.** Nach knapp 330 Metern halten wir uns erneut links und passieren einen weiteren kleinen Teich. Wir gehen geradeaus und folgen dem Weg, der nach 120 Metern eine Biegung nach rechts macht. Nach 190 Metern verlassen wir den Pötzleinsdorfer Schlosspark durch ein Tor. Aber keine Sorge, wir kommen wieder!

Von der Wiese geht es nun in den Wald. Wir biegen rechts ab und treffen auf die **Pötzleinsdorfer Straße,** auf die wir links abbiegen. Wir passieren das **Wirtshaus Steirerstöckl** ❹ und folgen am Ende des Parkplatzes dem Weg hinein in den Wald. Wir wandern nun am Fuße des Schafbergs entlang. Der schmale Weg führt uns leicht bergab durch dichten Mischwald. Der 390 Meter hohe Berg bildet die Grenze zwischen den Bezirken Hernals und Währing und ist ein beliebtes Wanderziel in Wien.

Nach 15 Minuten erreichen wir die **Geroldgasse** und kehren für kurze Zeit in städtisches Gefilde zurück. Wir halten uns links und spazieren durch die Wohnsiedlung, bis wir nach 160 Metern auf die **Neuwaldegger Straße** treffen. Auf diese biegen wir links ab und folgen ihr für 50 Meter geradeaus. Nach der Bushaltestelle

*Durch den Schlosspark führt auch der **Währinger Frauenweg**. Dieser 3,5 Kilometer lange Weg wurde im Mai 2014 eröffnet, um dem langen Kampf um Gleichberechtigung ein Denkmal zu setzen. Auf Schautafeln werden Frauen der Wiener Frauenbewegung vorgestellt.*

Preindl-Salettl

Schwarzenbergallee

biegen wir rechts auf den Weg ab. Ein Wegweiser verrät uns, dass der schmale Pfad zum Schwarzenbergpark führt. Wir spazieren den Pfad entlang und treffen nach 5 Minuten auf die **Schwarzenbergallee** ❺. Diese führt auf einer Länge von 2,2 Kilometern schnurgerade durch den Schwarzenbergpark und wird von großen Laubbäumen gesäumt. Nach 250 Metern unterqueren wir die Neuwaldegger Straße und folgen weiter geradeaus der Allee. Wir passieren das Gasthaus **Zur Allee** ❻, in dem man sich mit klassischen und veganen Speisen stärken kann.

Wir folgen der Schwarzenbergallee, die uns an weiten Wiesen, Kraft spendenden Ruheplätzen und kleinen Teichen vorbeiführt. Vor uns hüpft ein Eichhörnchen über den Weg, im Teich hören wir die Frösche quaken. Wer genau hinschaut, erblickt vielleicht einen seltenen Steinkrebs oder einen Feuersalamander. Der Schwarzenbergpark war der erste englische Landschaftsgarten Österreichs. Er wurde 1765 von Feldmarschall Franz Moritz Graf von Lascy gestaltet. Seit 1958 befindet er sich im Besitz der Stadt Wien und ist

*Sowohl der Pötzleinsdorfer Schlosspark als auch der Schwarzenbergpark wurden im Stil **englischer Landschaftsgärten** angelegt. In diesen sollen sich natürliche Landschaften widerspiegeln, Tempel, Pagoden, Grotten oder Ruinen betonen den Horizont.*

Von Pötzleinsdorf aufs Hameau

ein wichtiges Naherholungsgebiet für die Wiener Bevölkerung.

Nach 1,5 Kilometern erreichen wir das Ende der Allee und folgen dem Weg, der uns rechts in den Wienerwald hineinführt. Nach wenigen Metern gelangen wir an eine Kreuzung, an der wir uns ebenfalls rechts halten. Wir wanden für 450 Meter geradeaus, ehe wir abermals an eine Kreuzung kommen. Wir biegen links ab und folgen dem Schild in Richtung „Hameau". Ein gut zu gehender Waldweg führt uns nun leicht steigend durch den dichten Mischwald. Nach 450 Metern folgen wir dem Weg, der eine Biegung nach rechts macht. Nach 20 Minuten gelangen wir an eine Lichtung und treten aus dem Wienerwald. Wir haben die **Hameau** ❼ erreicht. Hier ließ Graf Lascy 17 Häuser zur Unterbringung seiner Gäste errichten. Da nach holländischem Vorbild vor jedem Haus ein Baum gepflanzt wurde, wurde die Siedlung „Holländerdörfl" genannt. 1956 brannten die Hütten ab. Heute befindet sich auf der Hameau eine Schutzhütte, die als Regenunterstand dient. Die Wiese lädt zu einem Picknick ein, rund um die Lichtung spenden große Bäume Schatten.

Wir wandern nun über denselben Weg, über den wir aufs Hameau gegangen sind, wieder zurück und treffen nach 1,5 Kilometern auf den **Hameauweg.** Auf diesen biegen wir links ab und folgen ihm geradeaus. Wir wandern für 10 Minuten auf der breiten Forststraße, rechts und links erstrahlen die Büsche und Bäume in saftigen Grüntönen. Linker Hand blitzt die weite Tiefauwiese zwischen den Bäumen hindurch. Durch die verschiedenen Böden bieten die Wiesen im Schwarzenbergpark

Schutzhütte auf der Hameau

Wiese auf der Hameau

(und im Wienerwald) einer Vielzahl von Pflanzen, Tieren und Pilzen Lebensraum. Und auch ein Blick in den Himmel lohnt sich. Nicht selten kreisen auf der Suche nach Beute nämlich Mäusebussarde über den Wiesen.

Nach 670 Metern verlassen wir den Hameauweg, der eine Biegung nach rechts macht, und gehen geradeaus weiter. Nach 5 Minuten treffen wir auf die **Höhenstraße** und verlassen den Schwarzenbergpark. Wir überqueren die Straße und folgen geradeaus einem schmalen Weg in den Wald hinein. Nach 5 Minuten erreichen wir erneut die **Geroldgasse** und biegen rechts auf diese ab. Wir folgen der Gasse für 200 Meter und treffen am Fuße des Schafbergs auf ein Schild, das uns den Weg auf ebenjenen weist.

Über einen schmalen, aber gut begehbaren Pfad wandern wir nun stetig den **Schafberg** ❽ hinauf. Dieser verdankt seinem Namen einem Schafweideplatz und verläuft zwischen den Bezirken Hernals und Währing. Etwa 20 Minuten lang wandern wir hinauf, ehe wir den höchsten Punkt des Bergs erreichen. Leider erwartet uns hier weder ein Gipfelkreuz noch eine

Von Pötzleinsdorf aufs Hameau

Aussicht, wir befinden uns mitten im Wald. Das tut der Stimmung jedoch kaum einen Abbruch. Hier haben wir den Wald fast für uns allein und können in dieser Idylle so richtig vom Alltag abschalten und Kraft tanken.

Danach geht es auch schon wieder hinunter in Richtung Pötzleinsdorfer Schlosspark. Wir folgen dem Weg, der fast ausschließlich geradeaus führt. Nach 850 Metern erreichen wir eines der Tore, die uns Einlass in den Schlosspark gewähren. Wir treten hindurch und wandern weiter geradeaus. Der Weg führt uns nun leicht bergab durch den Schlosspark. Dieser ist nicht nur das ideale Ziel für Wanderer und Spaziergänger, sondern auch für Sportler. So stehen unter anderem Fußballkäfige, Volleyballplätze sowie Fitnessgeräte zur Verfügung. Familien mit Kindern freuen sich über Sandkisten, Karusselle und einen Spielplatz mit Wasserspielanlage. Und dass der Pötzleinsdorfer Schlosspark ein beliebtes Ausflugsziel ist, merkt man. Hatten

Schafberg

Auszeittour 4

> **!** Bei Bedarf kann die Wanderung auch zweigeteilt werden. Für eine kurze Tour eignet sich die Runde durch den Pötzleinsdorfer Schlosspark und auf den Schafberg (4,6 Kilometer), etwas länger ist die Wanderung Schwarzenbergpark und Hameau (6,6 Kilometer).

wir den Weg auf den Schafberg noch fast für uns allein, begegnen uns jetzt wieder weitere Naturliebhaber.

Nach 10 Minuten finden wir uns im Eingangsbereich des Parks wieder. Wir biegen hier rechts ab und gelangen zum **Streichelzoo** ❾. Hier leben Kärntner Brillenschafe und Zwergziegen, die sich durch die Streicheleinheiten der Besucher keineswegs belästigt fühlen. Wir gehen am Gehege entlang und beobachten die frechen Ziegen, die um Futter betteln. Dann folgen wir dem Weg nach links, halten uns an der Wegkreuzung rechts und kurz danach links. So gelangen wir nach wenigen Metern wieder zum Eingang des Pötzleinsdorfer Schlossparks, an dem unsere Wanderung begonnen hat.

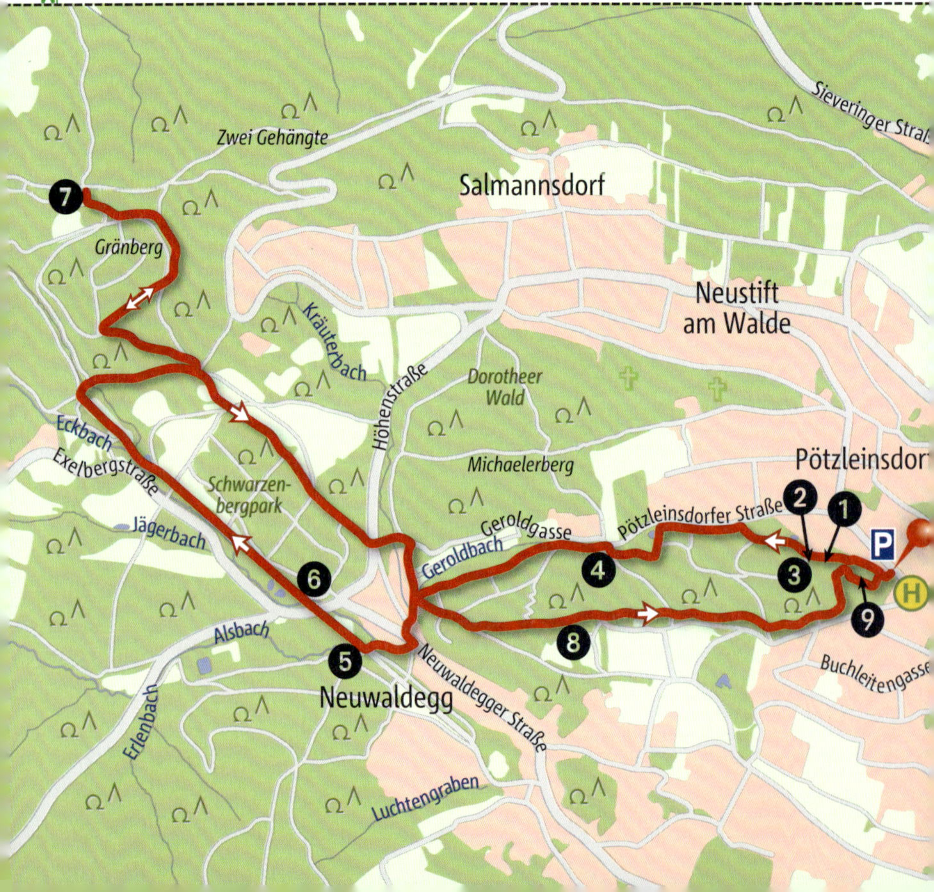

Alles auf einen Blick

Entspannung ✳✳✳✳✳
Genuss ✳✳✳✳✳
Romantik ✳✳✳✳✳

WIE & WANN:
Straße, Forst- und Waldwege; ganzjährig begehbar (Öffnungszeiten des Pötzleinsdorfer Schlossparks beachten: www.wien.gv.at/umwelt/parks/anlagen/poetzleinsdorf.html)

HIN & WEG:
Auto: Parkmöglichkeiten in der Pötzleinsdorfer Straße oder Geymüllergasse, 1180 Wien (GPS: 48.241584, 16.310189)
ÖPNV: Straßenbahn 41 bis Station Pötzleinsdorf, danach 2 Minuten Fußweg zum Schlosspark-Eingang über Pötzleinsdorfer Straße

ESSEN & ENTSPANNEN:
Wirtshaus Steirerstöckl ❹ Pötzleinsdorfer Straße 127, 1180 Wien, Tel. +43 (1) 4 40 49 43, www.steirerstoeckl.at
Zur Allee ❻ Schwarzenbergallee 40, 1170 Wien, Tel. +43 (1) 4 85 78 77, www.zurallee.com

ENTDECKEN & ERLEBEN:
Sequoienwiese ❶
Ringtheater-Figuren ❷
Preindl-Salettl ❸
Schwarzenbergallee ❺
Hameau ❼
Schafberg ❽
Streichelzoo ❾

Skywalk

- 8,2 Kilometer
- 203 Höhenmeter
- 2,5 Stunden
- Rundweg

Panoramatour 5

Der Naturpark Hohe Wand erstreckt sich über ein waldreiches Plateau in den Wiener Alpen. Auf rund 1.000 Metern Seehöhe, die man bequem über eine Panoramastraße erreicht, kann man nicht nur herrliche Aussichten genießen, sondern auch nach Herzenslust wandern. Wir starten mit unserer Wanderung

Über den Wolken
Durch den Naturpark Hohe Wand

beim **Naturparkstüberl** ❶, welches nicht nur zur Einkehr nach der Wanderung einlädt, sondern in dem sich auch das Alpin- und Heimatmuseum befindet.

Vom Naturparkstüberl gehen wir geradeaus in Richtung Osten und überqueren die **Kleine Kanzel-Straße.** Nach 70 Metern erreichen wir das Naturparkzentrum und biegen links ab. Hier befindet sich ein großzügiger **Streichelzoo** ❷, in dem man unter anderem Kaninchen, Schweine, Esel und Alpakas bestaunen kann. Und wer die Alpakas näher kennenlernen will, der kann eine geführte Wanderung mit den putzigen Tierchen machen (Reservierung notwendig!).

Wir folgen dem Weg rechts neben dem Streichelzoo und biegen nach 100 Metern erneut rechts und kurz danach links ab. Ein Schild weist uns den Weg in Richtung Skywalk. Nach 40 Metern biegen wir abermals links ab. Wir wandern nun den breiten **Hirschenweg** entlang und tauchen in den Naturpark ein. Dieser wurde 1969 gegründet und erstreckt sich über mehr als 2.300 Hektar. Das Plateau bildet den östlichen Alpenrand am Übergang zum Wiener Becken und der pannonischen Region und besteht hauptsächlich

*Neben dem Naturparkstüberl befindet sich der **Spiel- und Spaßberg**, ein großer Abenteuerspielplatz, der Kinderaugen zum Strahlen bringt. Zudem finden sich hier mehrere Gehege, in denen Murmeltiere, Steinböcke und Mufflons beobachtet werden können.*

Panoramatour 5

Hirschgehege

aus Kalkstein. In diesem gibt es mehrere große und kleine Höhlen, die vielen Fledermausarten als Zuhause dienen. Der Naturpark ist außerdem mit vielen Wanderwegen durchzogen, die sowohl für Langstrecken- als auch Familienwanderungen geeignet sind. Beliebt ist die Hohe Wand darüber hinaus bei Sportlern, vor allem bei Kletterern und Paragleitern.

Nach 10 Minuten erreichen wir das **Hirschgehege** ❸, in dem mehrere Hirsche und Hirschkühe leben. Wir spazieren geradeaus am Zaun entlang und folgen dem Weg, der nach 180 Metern rechts abbiegt. Nun geht es über große und kleine Wurzeln leicht bergab durch den dichten Wald des Naturparks. Nach 380 Metern treffen wir auf die **Hochkogelstraße,** auf die wir rechts abbiegen. Wir folgen ihr für 170 Meter, bevor uns ein Schild in Richtung Skywalk den Weg links in den Wald hineinweist.

Nun wandern wir geradeaus und leicht bergab auf einem schmalen Waldweg. An schönen Sommertagen ist vor allem an den Wochenenden viel los auf der Hohen Wand. Dennoch kann man während des Gehens gut abschalten und die Natur genießen. Nach rund 550 Metern erreichen wir die **Lange Wiese,** wo sich der Wald lichtet und die wir geradeaus überqueren. Nach 10 Minuten halten wir uns an der Wegkreuzung weiter geradeaus und gehen in Richtung Skywalk. Nach 200 Metern folgen wir dem Wegweiser rechts in den Wald hinein und gehen geradeaus. Die Bäume werden weniger und wir stehen nach 180 Metern am Rand des Felsplateaus, auf dem sich der Naturpark befindet. Schon jetzt bietet sich uns ein herrlicher Ausblick!

Durch den Naturpark Hohe Wand

Wir wandern nun nach links und sehen die Aussichtsplattform **Skywalk** ❹ vor uns, die wir auch nach 5 Minuten erreichen. Die Plattform wurde bereits im Jahr 2002 eröffnet und garantiert ein echtes Höhenerlebnis. Unter ihr geht es nämlich nicht nur steil bergab, sondern für Kletterer auch steil hinauf. Denn diese

 ### Für die Seele

Wir wandern zu einer spektakulären Aussichtsplattform, blicken in die Ferne und Tiefe, beobachten Tiere und genießen wunderschöne Naturerlebnisse.

kann man von der Aussichtsplattform aus sehr gut beobachten. Nicht nur der Blick in die Tiefe lohnt sich, sondern auch der in die Ferne. An klaren Tagen kann man von hier aus nämlich bis zum Neusiedler See und in die ungarische Tiefebene sehen. Von der Plattform kann man auch die mutigen Paragleiter beobachten,

Aussicht vom Skywalk

Der Naturpark befindet sich auf einem Felsplateau

die sich in die Lüfte schwingen. Vor einigen Jahren wurde vor dem Skywalk das sogenannte „Skywalk Kino" eröffnet. Hierbei handelt es sich um mehrere Reihen mit Sitzgelegenheiten vor der Aussichtsplattform, von denen man den schönen Ausblick auf die Berge Niederösterreichs genießen, kurz die Füße ausruhen und ein kleines Picknick machen kann.

Nachdem wir uns am spektakulären Panorama erfreut und uns ein wenig erholt haben, wandern wir wieder zurück zur **Langen Wiese.** An der Kreuzung biegen wir dieses Mal aber nach links ab und folgen dem Schild in Richtung Hochkogelhaus. Nun geht es wieder etwas aufwärts, die Steigung ist jedoch gering und ohne große Kraftanstrengung zu bewältigen. Wir wandern durch den idyllischen Wald und bemerken, dass hier weniger los ist als auf dem Weg zum Skywalk. Nach 900 Metern folgen wir dem Weg nach links und gehen weiter geradeaus. Begleitet werden wir vom Rauschen der Blätter, dem Zwitschern der Vögel und dem Klang unserer Schritte auf dem Waldboden. Nach 15 Minuten kommen wir gleich an zwei Gasthäusern, die zur Rast einladen und in denen

Durch den Naturpark Hohe Wand

herzhafte österreichische Speisen auf den Speisekarten stehen, vorbei: dem **Gasthof Luf** ❺ und dem **Hochkogelhaus** ❻.

Gleich nach dem Hochkogelhaus folgen wir linker Hand einem Pfad in den Wald hinein. Nach 30 Metern biegen wir rechts ab und folgen dem Schild in Richtung Naturparkstüberl. Nun geht es über Stock und Stein durch den Wald. Dabei halten wir die Augen nach Eichhörnchen, Rehen und Füchsen offen – leider zeigt sich jedoch keiner dieser Waldbewohner. Macht nichts – auch die Vegetation ist ein Augenschmaus! Der Naturpark weist nämlich trotz seiner geringen Höhe über dem Meeresspiegel alpinen Charakter auf und ist Heimat so mancher alpinen Pflanze, etwa der Türkenbundlilie, sowie verschiedener Knabenkräuter.

Nach 260 Metern halten wir uns rechts und folgen dem Weg für weitere 700 Meter geradeaus. An der Kreuzung biegen wir links ab und wandern leicht

Wer nicht über die Mautstraße fahren will, kann die Hohe Wand auch von mehreren Seiten erwandern, etwa von Stollhof oder Maiersdorf aus. Hier sind jedoch Trittsicherheit und Kondition gefragt, da immerhin an die 500 Höhenmeter überwunden werden müssen.

Wanderweg durch den Wald

Panoramatour 5

bergauf. Nach etwas mehr als 1 Kilometer verlassen wir den dichten Wald und biegen rechts auf eine Forststraße ab. Wir passieren das **Wildgehege Kleine Kanzel**, das Damwild zeigt sich bei unserem Besuch aber leider nicht. Gleich neben dem Gehege findet sich eine große Wiese, die im Winter zum Rodeln genutzt wird.

Wir gehen geradeaus weiter und treffen nach 300 Metern auf den **Brombergweg.** Diesem folgen wir ebenfalls geradeaus, ehe wir nach 5 Minuten links abbiegen und wieder beim **Streichelzoo** ankommen. Noch einmal werfen wir einen Blick zurück auf den Streichelzoo und wandern dann geradeaus und die **Kleine Kanzel-Straße** überquerend zurück zum **Naturparkstüberl.**

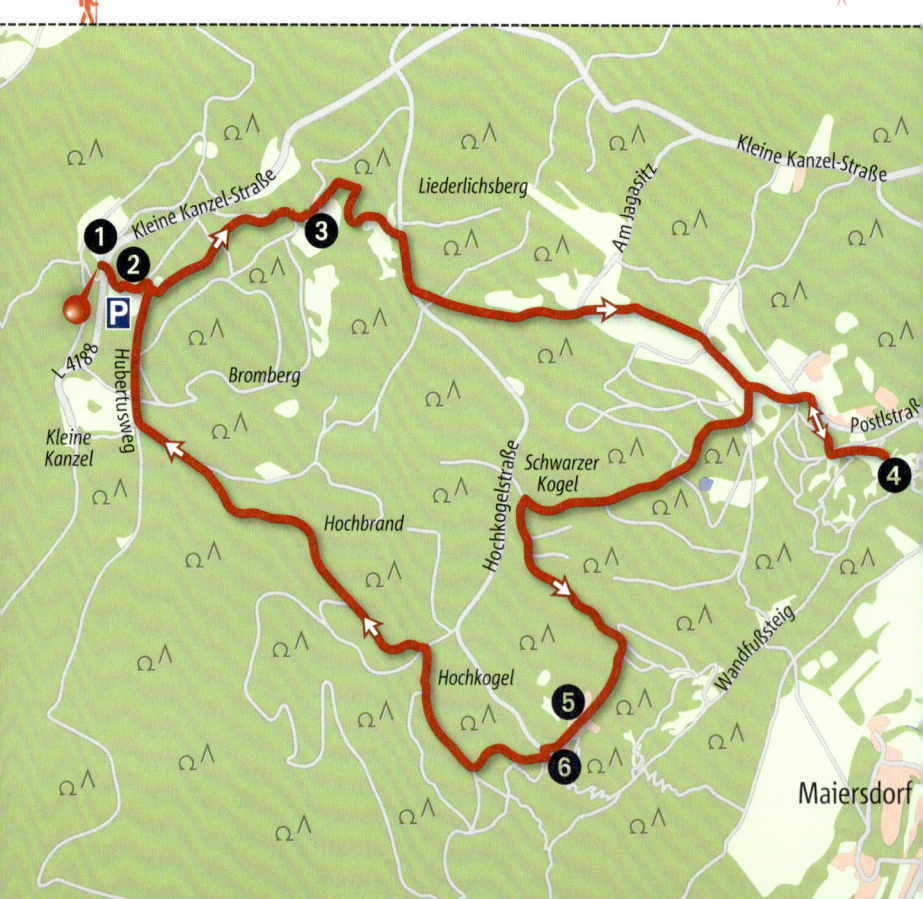

Alles auf einen Blick

WIE & WANN:
Straße, Forst- und Waldwege; ganzjährig begehbar

Entspannung ✦✦✦✦✦
Genuss ✦✦✦✦✦
Romantik ✦✦✦✦✦

HIN & WEG:
Auto: Parkplatz beim Naturparkstüberl oder Naturparkzentrum, 2724 Maiersdorf (GPS: 47.835007, 16.015866)
ÖPNV: Keine direkte Anbindung an die Strecke

ESSEN & ENTSPANNEN:
Naturparkstüberl ❶ Kleine Kanzel-Straße 118, 2724 Maiersdorf, Tel. +43 (7 20) 99 10 36
Gasthof Luf ❺ Hochkogelstraße 143, 2724 Maiersdorf, Tel. +43 (6 50) 5 10 28 37, www.gasthaus-luf.at
Hochkogelhaus ❻ Hochkogelstraße 127, 2724 Maiersdorf, Tel. +43 (7 20) 99 19 00, www.hochkogelhaus.co.at

ENTDECKEN & ERLEBEN:
Streichelzoo ❷
Hirschgehege ❸
Skywalk ❹

Panoramatour 6

Auf dieser Wanderung erklimmen wir den höchsten Berg Wiens, den Hermannskogel. Die burgähnliche Habsburgwarte auf dem Gipfelplateau des 542 Meter hohen Bergs ist nur eines der Highlights dieser Tour, die ihren Ausgangspunkt beim **Häuserl am Stoan** ❶ auf der **Salmannsdorfer Höhe** hat. Das Wirts-

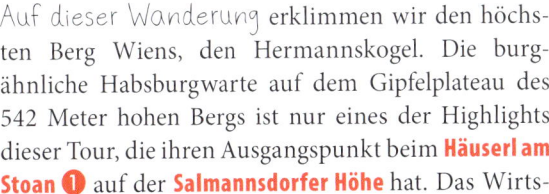

Wien von oben
Rauf auf den Hermannskogel

haus, das bereits seit 1923 besteht, ist nicht nur ein idealer Start für die Rundwanderung, sondern zudem ein beliebtes Lokal, in dem sowohl Wiener Küche als auch Internationales auf der Speisekarte stehen.

Wir beginnen unsere Wanderung in Richtung Westen und folgen dem Weg geradeaus. Nach 120 Metern halten wir uns rechts und treffen kurz danach auf die **Höhenstraße,** die wir überqueren. Danach biegen wir links ab, um auf der Salmannsdorfer Höhe zu bleiben, und folgen dem Weg für 600 Meter geradeaus. Wir halten uns dabei parallel zur Höhenstraße. Diese 15 Kilometer lange Aussichtsstraße führt von der Marswiese im 17. Bezirk über den Dreimarkstein, Hermannskogel, Cobenzl, Kahlenberg und Leopoldsberg und bietet dabei herrliche Aussichten auf die Stadt. Auch wir genießen beim Gehen den schönen Blick.

Wir biegen rechts ab und folgen dem Schild in Richtung „Hermannskogel" geradeaus. Wir tauchen in das Grün des Wienerwaldes ein und nehmen seinen Duft sowie seine typischen Geräusche in uns auf. Nach rund 1 Kilometer überqueren wir die **Sieveringer Straße** und passieren rechts den **Grüass Di a Gott Wirt.** Wir gehen

Aussicht von der Salmannsdorfer Höhe

weiter geradeaus und kommen an einer großen Wiese mit Spielplatz vorbei, auf der sich mehrere Picknicktische befinden. Vor uns liegt nun der Hermannskogel, von dessen höchstem Punkt auf 542 Metern man gerade noch die Spitze der Habsburgwarte sehen kann. Vor allem am Wochenende ist er ein beliebtes Ausflugsziel. Dennoch sind die Wanderwege nicht überlaufen, sodass man die Seele baumeln lassen und die Ruhe genießen kann. Und da die Wege fast ausnahmslos im Wald und nicht zu steil sind, tun wir das auch!

Nach etwa 250 Metern teilt sich der Weg vor uns, wir halten uns links und bleiben im raschelnden Wald. Wir befinden uns nun auf dem **Grenzweg** und wandern leicht durch den Laubwald bergauf. Am Wegesrand finden sich zahlreiche Blumen, die in den unterschiedlichsten Farben leuchten. Nach 500 Metern halten wir uns rechts und folgen dem Schild in Richtung „Hermannskogel/Habsburgwarte". Immer wieder lichtet sich der Wald und gibt den Blick auf Wiesen mit den klingenden Namen „Herzerlwiese", „Fischerwiese" und „Goldwiese" frei. Auf jeder von ihnen lässt es sich hervorragend im Gras liegen oder picknicken.

*Die **Habsburgwarte** ist nicht nur ein wunderbarer Aussichts-, sondern auch der Fundamentalpunkt (zentraler Vermessungspunkt eines Landes) der österreichischen Landesvermessung, der 1892 vom königlich-kaiserlichen Militärgeographischen Institut bestimmt wurde.*

Rauf auf den Hermannskogel

Nach 15 Minuten teilt sich der Weg vor uns und ein Schild weist uns den Weg geradeaus zur **Habsburgwarte** ❷. Leicht bergauf geht es nun auf einem Pfad zwischen den Bäumen zur beliebten Aussichtswarte, die wir nach 5 Minuten erreichen. Sofort zieht das imposante Bauwerk unsere ganze Aufmerksamkeit auf

 Für die Seele

Es erwartet uns der höchste Berg Wiens mit einer herrlichen Aussicht auf die Großstadt. Weite Wiesen und dichte Wälder vervollkommnen die Wanderung.

sich. Der 1888 errichtete Turm hat eine Gesamthöhe von 27 Metern und wurde im Stil eines mittelalterlichen Wehrturms gebaut. Die Habsburgwarte wird vom Österreichischen Touristenklub betrieben, von

Wir nähern uns der Habsburgwarte

Aussicht von der Habsburgwarte

Frühling bis Herbst hat man die Möglichkeit, gegen eine geringe Eintrittsgebühr das herrliche Panorama auf der Aussichtsplattform zu genießen. Bei schönem Wetter reicht der Ausblick weit über die Grenzen Wiens und den Wienerwald bis zum Schneeberg.

Nachdem wir die wunderbare Aussicht genossen haben, verlassen wir über die schmale Wendeltreppe wieder die Aussichtsplattform, werfen noch einen Blick auf die Habsburgwarte und kehren über den Pfad wieder zurück zur Kreuzung. Wir biegen jetzt rechts ab und folgen dem Schild in Richtung „Jägerwiese". Wir bleiben auf dem Weg, der uns leicht bergab durch den Wald führt, und treffen nach 5 Minuten erneut auf den **Grenzweg.** Wir wandern geradeaus unter dem dichten Blätterdach des Forstes, ehe sich dieser nach knapp 450 Metern öffnet und den Blick auf eine große Wiese freigibt – die **Jägerwiese** ❸. Diese ist ein beliebtes Ausflugsziel für Familien, da es hier einen kleinen Streichelzoo sowie einen Spielplatz gibt. Aber auch ohne Kinder lohnt sich ein Aufenthalt auf der Jägerwiese. Das saftige Grün lädt zu einem Picknick oder einfach nur einer kurzen Rast ein. Wer nicht in der Wiese liegen will, findet an einem von mehreren

Rauf auf den Hermannskogel

Picknicktischen Platz. Und wer sich seine Jause nicht selbst mitnehmen will, dem sei eine Einkehr im **Gasthaus zum Agnesbrünnl** ❹, das sich ebenfalls auf der Jägerwiese befindet, empfohlen. Im schattigen Gastgarten kann man neben Hausmannskost auch vegetarische und vegane Speisen genießen.

Wir setzen die Wanderung fort und biegen beim Gasthaus zum Agnesbrünnl rechts auf den **Hermannskogelweg** ab. Diesem gemütlichen Weg, der uns ebenfalls wieder durch den Wienerwald führt, folgen wir nun für 1 Kilometer geradeaus. Im Westen und Norden besteht der Großteil des Wienerwaldes aus dichtem Laubwald, vor allem aus Buchen, Eichen und Hainbuchen. Seit 2005 ist das Naherholungsgebiet ein von der UNESCO anerkanntes Biosphärenreservat.

Am Ende des Hermannskogelweges treffen wir wieder auf den Beginn des Grenzweges, der uns auf den Hermannskogel und zur Jägerwiese gebracht hat. Hier, am Fuße des höchsten Bergs von Wien, befindet sich auch die **Rohrerwiese** ❺. Im Sommer lädt sie zum Picknicken ein, im Herbst zum Drachensteigen und

*Rund um den **Hermannskogel** finden sich zahlreiche weitere Wanderwege, etwa der Wiener Stadtwanderweg 2. Auch Mountainbiker kommen auf ihre Kosten. Besonders beliebt ist etwa der Sauberg-Trail, der über Wurzeln, Steilpassagen und hängende Kurven führt.*

Jägerwiese mit Gasthaus zum Agnesbrünnl

Panoramatour 6

im Winter verwandelt sie sich in einen beliebten Rodelhügel. Von hier an wandeln wir auf bekannten Pfaden. Wir wandern geradeaus, vorbei am **Grüass Di a Gott Wirt** und über die **Sieveringer Straße.** Danach geht es ebenfalls geradeaus und leicht bergauf. Obwohl wir den Weg bereits kennen, entdecken wir Neues. Am Wegrand blühen hübsche Nesselblättrige Glockenblumen, die uns vorher nicht aufgefallen sind, und ein flinkes Eichhörnchen hüpft über den Weg.

Über die Salmannsdorfer Höhe gelangen wir zurück zu unserem Ausgangspunkt, dem **Häuserl am Stoan.** Wir genießen ein letztes Mal die Aussicht auf das uns zu Füßen liegende Wien und belohnen uns mit etwas Köstlichem im Wirtshaus.

Alles auf einen Blick

WIE & WANN:
Asphalt, Forst- und Waldwege; ganzjährig begehbar

Entspannung ✹✹✹✹✹
Genuss ✹✹✹✹✹
Romantik ✹✹✹✹✹

HIN & WEG:
Auto: Parkmöglichkeiten beim Häuserl am Stoan, 1190 Wien (GPS: 48.258058, 16.293676)
ÖPNV: Bus 39A ab Heiligenstadt S+U bis Haltestelle Ährengrubenweg, von dort circa 1,7 Kilometer Fußweg zum Ausgangspunkt über Salmannsdorfer Höhe

ESSEN & ENTSPANNEN:
Häuserl am Stoan ❶ Salmannsdorfer Höhe, Zierleitengasse 42a, 1190 Wien, Tel. +43 (1) 4401377, www.amstoan.com
Gasthaus zum Agnesbrünnl ❹ Jägerwiese 221, 1190 Wien, Tel. +43 (1) 4 40 13 00, www.jaegerwiese.at

ENTDECKEN & ERLEBEN:
Habsburgwarte ❷
Jägerwiese ❸
Rohrerwiese ❺

- 6,7 Kilometer
- 226 Höhenmeter
- 2 Stunden
- Rundweg

Jubiläumswarte

Panoramatour 7

Die Jubiläumswarte am westlichen Stadtrand Wiens zählt zu einer der beliebtesten Aussichtswarten der Stadt. Obwohl das Bauwerk auf dem Wilhelminenberg auch mit dem Auto oder den öffentlichen Verkehrsmitteln erreicht werden kann, empfiehlt es sich, den Besuch der Warte mit einer Wanderung auf den Satz-

Hoch hinaus
Wanderung zur Jubiläumswarte

berg und den Wilhelminenberg zu verbinden. Bei dieser kommen nämlich kleine und große Naturfans voll auf ihre Kosten.

Wir starten die Wanderung an der Kreuzung **Rosentalgasse/Dehnegasse** im 14. Wiener Gemeindebezirk. Für rund 300 Meter wandern wir die **Dehnegasse** entlang, ehe wir leicht links abbiegen und dem Weg für 80 Meter folgen. Danach biegen wir wieder links ab und betreten das erste Highlight dieser Rundwanderung, den 50.000 Quadratmeter großen **Dehnepark ❶**. Auf mehreren Wegen kann das Erholungsgebiet, in dem sich sowohl Hügel als auch Obstbaumwiesen finden, erkundet werden. Der als Landschaftsgarten geplante Park weist einen üppigen Altbaumbestand auf, der Dehneparkteich im Zentrum ist ein wichtiger Lebensraum für die Rotwangen-Schmuckschildkröte. Im Park finden sich außerdem ein großer Waldspielplatz für Kinder, mehrere Picknicktische für eine kulinarische Auszeit, ein Teich sowie viele kleine Plätze, an denen man in Ruhe die Seele baumeln lassen kann.

Wir spazieren geradeaus und gelangen nach circa 5 Minuten zum künstlich aufgestauten **Dehneparkteich.**

Dehnepark

Schildkröten bekommen wir leider keine zu Gesicht, sehr wohl aber mehrere Enten. Auch das Quaken der Frösche begleitet uns, während wir am rechten Teichufer entlangschlendern. Ein gemütlicher Weg führt uns durch die Grünfläche, in der man ohne Weiteres mehrere Stunden verbringen könnte. Wir wollen aber hoch hinaus, lassen den Park daher hinter uns und überqueren nach rund 140 Metern eine kleine Brücke, die über den Rosenbach und hinauf zur **Rosentalgasse** führt. Wir folgen dem Weg geradeaus in den Wald. Ein Schild weist uns den Weg zum **Silbersee** ❷**,** den man bereits nach 5 Minuten erreicht. Das Ufer des kleinen Sees, der einst der Tagebau eines Gipsbergwerks war, ist dicht mit Schilf bewachsen.

Nach einem kurzen Blick auf den See folgen wir dem Weg nach rechts und biegen kurze Zeit später zweimal links ab. Nach 5 Minuten halten wir uns rechts, lassen den dichten Wald hinter uns und treten auf die **Steinböckengasse.** Nun wandern wir für rund 20 Minuten leicht bergauf am Rande des Satzbergs. Rechter Hand befinden sich weite Wiesen, die im Winter zum Rodeln und Skifahren genutzt werden. Linker

Wanderung zur Jubiläumswarte

Hand kommen wir an mehreren Kleingartenvereinen vorbei. Zwischen den Häusern erhascht man immer wieder einen Blick auf Wien.

Am Ende der Steinböckengasse biegen wir rechts auf die **Wickengasse** und folgen dieser bis an ihr Ende. Wir betreten nun wieder den vor uns liegenden Wald

 ## Für die Seele

Auf dieser Wanderung im Westen Wiens erwarten uns dichte Laubwälder, romantische Wiesen, einladende Picknickplätze sowie eine wunderschöne Aussicht.

und nehmen an der Kreuzung den linken Weg, dem wir unter dem Blätterdach großer Laubbäume durch den Wienerwald folgen. Nach etwas mehr als 200 Metern treffen wir auf den **Pelzer Rennweg,** den wir über-

Silbersee

Panoramatour 7

*Die Aussicht von der **Jubiläumswarte** kann das ganze Jahr über kostenlos genossen werden. Nur bei Schnee und Eis bleibt sie aus Sicherheitsgründen geschlossen. Wer nicht zur Warte wandern will, erreicht sie mit den Buslinien 46A, 46B oder 52B.*

queren, und biegen rechts auf den Waldweg ab. Dieser führt uns nun geradewegs hinauf auf den Wilhelminenberg und zur **Jubiläumswarte** ❸, deren markantes Aussehen aus Stahl und Beton immer wieder durch das Blätterdach blitzt.

Die Jubiläumswarte wurde 1956 eröffnet und bietet mit ihrer Höhe von 31 Metern einen wunderschönen Panoramablick auf Wien und Umgebung. An klaren Tagen reicht die Sicht oft sogar bis ins Wiener Becken, zum Leithagebirge, zu den Kalkalpen und zum Schneeberg. Den Ausblick von der Jubiläumswarte könnten wir uns stundenlang ansehen. Denn man entdeckt immer wieder etwas Neues. Aber Achtung, oben ist es windig!

Wir verabschieden uns dennoch von der Jubiläumswarte und gehen die 183 Stufen wieder hinunter. Zu Füßen der Warte kommen wir an der **Wiener Waldschule** der Magistratsabteilung 49 – Forst- und Landwirtschaftsbetrieb vorbei. In dieser werden Schulkindern Umweltbewusstsein sowie die Tier- und Pflanzenwelt des Wienerwaldes nähergebracht. Wir biegen nun leicht links ab und überqueren die **Vogeltennwiese.** Diese ist der ideale Platz, um sich auf einer Bank im Schatten der großen Bäume niederzulassen und eine

Ausblick von der Jubiläumswarte

Wanderung zur Jubiläumswarte

kurze Pause einzulegen oder eine Kleinigkeit zu essen. Nach der Rast folgen wir dem Weg weiter und treffen erneut auf den **Pelzer Rennweg,** auf den wir rechts abbiegen. Schon nach wenigen Metern biegen wir aber links in den Waldweg ein, der parallel zur Johann-Staud-Straße verläuft.

Nach 5 Minuten biegen wir links und kurz danach wieder rechts ab, um auf dem Waldweg zu bleiben. Wir folgen diesem und sehen nach rund 130 Metern auf unserer rechten Seite die **Otto-König-Warte** ❹ durch die Bäume blitzen. Der 1925 erbaute Wasserturm dient heute als Vogelbeobachtungswarte. Wir folgen dem Weg noch ein kurzes Stück geradeaus weiter, biegen dann aber rechts ab und überqueren die **Johann-Staud-Straße.** Danach spazieren wir für 40 Meter auf dem rechten Weg. Auf der linken Seite taucht nun ein kleiner idyllischer Teich auf, hier biegen wir links ab. Am Ufer des Gewässers laden ein paar Bänke zur Rast ein.

Der Weg führt nun geradeaus in den Wald hinein und leicht bergab. Nach 300 Metern halten wir uns rechts und spazieren weiter durch den Forst, der in

Otto-König-Warte

Panoramatour 7

*Die **Wälder des Wilhelminenbergs** sind besonders vielfältig und setzen sich aus trockenen Eichenwäldern und frischen Buchenwäldern zusammen. Sie sind zudem Lebensraum zahlreicher Tiere und Pflanzen wie des Mittelspechts oder der Grünen Schneerose.*

den unterschiedlichsten Grüntönen strahlt. Wir tauchen wieder richtig ins Naturerlebnis ein und lauschen den Geräuschen des Waldes, während wir über große und kleine Wurzeln steigen und den Wilhelminenberg wieder hinunterwandern.

An der nächsten Weggabelung, nach etwa 130 Metern, gehen wir geradeaus weiter. 5 Minuten später treffen wir auf die **Loiblstraße,** auf die wir rechts abbiegen. Wir folgen der Straße, die zweimal hintereinander einen Knick nach links macht. An unserer linken Seite befindet sich nun der Rosenbach, dem wir schon im Dehnepark begegnet sind. Der Bach ist unter anderem Lebensraum für den seltenen Steinkrebs sowie für Bachflohkrebse. Wir wandern geradeaus parallel zum Rosenbach und kommen an mehreren Einfamilienhäusern sowie Kleingärten vorbei. Nach etwa 500 Metern wird aus dem Forstweg die **Jan-Kiepura-Gasse,** der wir für 5 Minuten folgen. Weiter geht's durch die **Rosentalgasse,** auf die wir automatisch treffen. Auf

Gemütlicher Waldweg

Durch den Wienerwald

Panoramatour 7

unserer rechten Seite weist uns nach knapp 100 Metern ein Schild den Weg zum **Kleinen Schutzhaus Rosental ❺**, der ersten Einkehrmöglichkeit auf unserer Wanderung. Hier stehen Wiener sowie saisonale Küche auf der Speisekarte.

Nach weiteren 280 Metern erreichen wir wieder die Brücke, die über den Rosenbach und in den **Dehnepark** führt. Abermals tauchen wir ein in den Park und spazieren am Dehneparkteich sowie dem Waldspielplatz vorbei. Wer Lust hat, kann nun noch den Park und seine anderen Wege entdecken. Andernfalls bringt einen die **Dehnegasse,** auf die man am Eingang des Parks trifft, wieder zurück zum Ausgangspunkt der Wanderung an der Ecke **Rosentalgasse/Dehnegasse.**

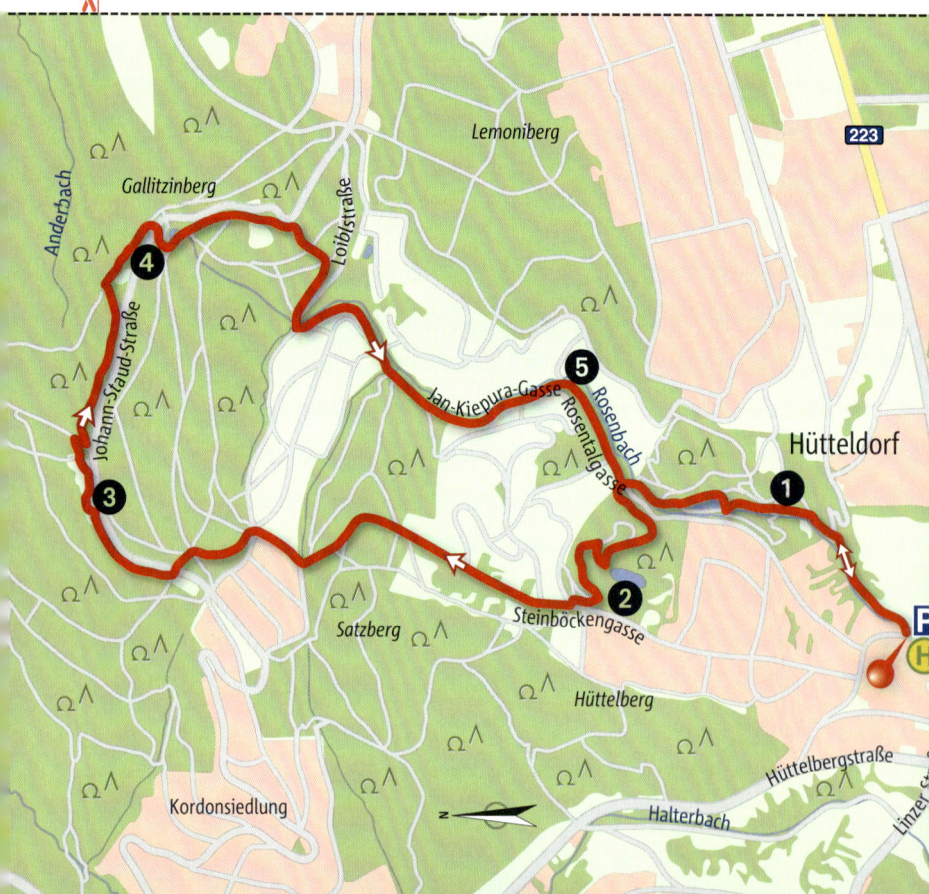

Alles auf einen Blick

WIE & WANN:
Asphalt, Forst- und Waldwege; ganzjährig begehbar

Entspannung ★★★★★
Genuss ★★★★★
Romantik ★★★★★

HIN & WEG:
Auto: Parkmöglichkeiten in der Rosentalgasse, 1140 Wien (GPS: 48.201858, 16.260956)
ÖPNV: Straßenbahn 49 bis Station Rettichgasse, von dort 2 Minuten Fußweg über Linzer Straße und Rosentalgasse

ESSEN & ENTSPANNEN:
Kleines Schutzhaus Rosental ❺ Rosentalgasse 667, 1140 Wien, Tel. +43 (1) 9 14 08 18

Abseits der Route empfehlenswert:
Weinschenke im Fuhrmannhaus, Linzer Straße 404, 1140 Wien, Tel. +43 (6 64) 6 42 99 39, www.fuhrmannhaus.at

ENTDECKEN & ERLEBEN:
Dehnepark ❶
Silbersee ❷
Jubiläumswarte ❸ Johann-Staud-Straße 80, 1160 Wien
Otto-König-Warte ❹ Johann-Staud-Straße, 1140 Wien

Panoramatour 8

Diese Wanderung führt uns durch den Naturpark Föhrenberge zu zwei aussichtsreichen historischen Bauten: der Burg Mödling auf dem Frauenstein (350 Meter) und dem Husarentempel auf dem Kleinen Anninger (496 Meter). Ausgangspunkt für die Rundwanderung ist die **Goldene Stiege** in Mödling. Vom

Im Föhrenwald
Burg Mödling und Husarentempel

Parkplatz gehen wir geradeaus in den Wald hinein und folgen dem Schild in Richtung Burg Mödling. Wir tauchen ein in das Grün und laufen den schmalen, dicht mit Laubbäumen bewachsenen Pfad leicht bergauf.

Nach 15 Minuten erreichen wir eine Kreuzung, an der wir geradeaus weitergehen, nach weiteren 90 Metern biegen wir rechts ab. Nun wandern wir für 130 Meter geradeaus, ehe wir nach rechts abbiegen und den Schildern in Richtung Burg folgen. Der Weg ist nun breiter, der Laubwald hat den großen Schwarzföhren Platz gemacht. Diese sind das Wahrzeichen der Region zwischen der Wiener Stadtgrenze und Mödling und stellen hier das größte zusammenhängende Vorkommen der Schwarzföhre in Österreich dar. Auf dem Gebiet des Naturparks befinden sich unter anderem auch der Naturpark Sparbach (siehe Auszeittour 3) sowie der Kalenderberg (siehe Entschleunigungstour 13).

Immer geradeaus führt uns der Weg durch den zauberhaften Föhrenwald. Dank ihrer schirmartigen Baumkronen ist es hier auch im Sommer schattig und

Schwarzföhren, auch Parapluiebäume, Schirmföhren oder Schwarzkiefern genannt, können wegen ihrer Anspruchslosigkeit und Unempfindlichkeit gegenüber ihrer Umgebung bis zu 800 Jahre alt werden. Ihr Holz eignet sich, da es nicht knarrt, ideal für Theaterbühnen.

Meiereiwiese

kühl. Den Geräuschen der Natur lauschend, wandern wir gemütlich dahin, bis wir nach knapp 600 Metern vor der **Burg Mödling** ❶ stehen. Wir betreten die Burg, die Anfang des 11. Jahrhunderts erbaut wurde und zur damaligen Zeit eine der größten Wehranlagen Österreichs war. 1556 brannte sie nach einem Blitzschlag völlig aus und verfiel. 1808 erwarb Johann Joseph Fürst von Liechtenstein die Ruine und ließ im Zuge der Gestaltung des Liechtensteinischen Landschaftsparks eine neue Burg auf dieser erbauen. Die künstliche Burg wurde 1848 zerstört, die Ruine wurde an die Stadt Mödling übergeben. Heute befinden sich rund um die Burg Informationstafeln, die Näheres zur Geschichte des Bauwerks erläutern. Wir spazieren durch die Ruine und genießen den Ausblick, der an klaren Tagen bis über den Wienerwald hinausreicht. Wer genau schaut, kann am gegenüberliegenden Kleinen Anninger sogar unser nächstes Ziel, den Husarentempel, erkennen.

Wir kehren der Burg den Rücken und wandern wieder denselben Weg, der uns zu ihr geführt hat, zurück. Allerdings biegen wir nach 100 Metern rechts ab

Burg Mödling und Husarentempel

und folgen einem mit großen und kleinen Wurzeln übersäten Waldweg hinunter. Nach 5 Minuten halten wir uns links und gehen weiter geradeaus. Nun befinden wir uns wieder am Fuße des Frauensteins. Nach 160 Metern treffen wir auf eine breite Forststraße, auf die wir rechts abbiegen.

 ## Für die Seele

Die aussichtsreiche Wanderung führt uns durch den Naturpark Föhrenberge zur Burg Mödling und zum Husarentempel; sie garantiert traumhafte Augenblicke.

Wir gehen für 130 Meter geradeaus und biegen an der nächsten Kreuzung links ab. Auf unserer linken Seite befindet sich die große **Meiereiweise ❷**. Rechts passieren wir **Pepi's Märchenteich ❸,** einen kleinen „Zur Freude und Erholung" dienenden Teich, wie uns eine

Pepi's Märchenteich

Panoramatour 8

Gedenktafel aufklärt. Vor uns sehen wir die eben noch besuchte Burg Mödling zwischen den Föhren hindurchblitzen. Rund um den Teich finden sich mehrere Sitzgelegenheiten, auf denen man dem Quaken der Frösche lauschen und kurz die Beine ausruhen kann.

Danach folgen wir dem Weg weiter, der entlang der als landwirtschaftliche Fläche genutzten Meiereiwiese führt. Nach knapp 550 Metern endet der breite Forstweg und wir erreichen wieder den dichten Wald. Wir biegen rechts auf den Weg ab und folgen nach 30 Metern links dem Schild in Richtung Husarentempel. Nun geht es über einen schmalen und mit Wurzeln übersäten Weg hinauf in Richtung Phönixberg. Immer wieder finden sich zwischen den imposanten Schwarzföhren große und kleine Laubbäume. Hier und da hören wir das Klopfen eines Spechts. Die Wälder und Wiesen des Naturparks Föhrenberge sind Heimat zahlreicher Tierarten wie des scheuen Rotfuchses, der putzigen Ziesel, einer Erdhörnchengattung, oder der schillernden Smaragdeidechsen.

Nach 500 Metern treffen wir auf eine breite Forststraße, den **Dreistundenweg.** Dieser führt entlang des Anninger und ist nicht nur bei Wanderern, sondern auch Läufern und Mountainbikern beliebt. Wir biegen rechts auf den Weg ab und folgen diesem für circa 450 Meter. Danach biegen wir links ab und verlassen den Dreistundenweg. Der Weg wird nun steiler und schmaler, nach 140 Metern macht er eine Biegung nach links, der wir folgen. Wir nähern uns dem Husarentempel. Wir halten uns weiter geradeaus und folgen dem Weg,

Husarentempel

Aussicht vom Husarentempel

nach 330 Metern biegen wir rechts ab. Nun führt uns ein steiler Pfad hinauf zum beeindruckenden **Husarentempel** ❹. Dieser wurde 1813 zu Ehren der Gefallenen der Schlacht bei Aspern (1809) erbaut, im Inneren des Bauwerks finden sich fünf Grabstätten gefallener Soldaten. Vom Tempel aus hat man einen wunderschönen Blick auf Mödling, Wien sowie hinüber zur Burg Mödling. Ein Picknicktisch lädt außerdem zum Verweilen ein. Ein idealer Ort für eine kurze, aussichtsreiche Rast!

Danach kehren wir über denselben Waldweg wieder zum **Dreistundenweg** zurück. Auf diesem angekommen, biegen wir rechts ab und folgen nun immer den Schildern in Richtung Goldene Stiege. Gemütlich wandern wir für 3 Kilometer durch den Föhrenwald, Schmetterlinge und zwitschernde Vögel begleiten uns dabei. Zwischen den Bäumen erhaschen wir immer wieder einen Blick auf die zwei besuchten Bauwerke. Unterwegs kommen wir auch an mehreren Picknicktischen vorbei, an denen wir in bester Waldatmosphäre eine kleine Stärkung zu uns nehmen können. Da es entlang der Route keine Einkehrmöglichkeit gibt,

*Der **Naturpark** erstreckt sich von der Wiener Stadtgrenze bis zum Anninger. Seine Landschaft ist zweigeteilt: Der Westen zählt zur montanen Zone mit Rotbuchen- und Tannenwäldern, der Osten mit seinen Schwarzföhrenwäldern zur pontisch-pannonischen Zone.*

Panoramatour 8

Schöne Aussicht

empfiehlt es sich, ein kleines Lunchpaket in den Rucksack zu packen!

Nach 45 Minuten erreichen wir das Ende des Dreistundenweges und biegen links auf den Weg, der uns schon von der Goldenen Stiege zur Burg Mödling gebracht hat. Wir folgen ihm für 10 Minuten und kommen dann wieder an unseren Ausgangspunkt, die **Goldene Stiege.** Wer unterwegs kein Picknick eingelegt hat, der kann sich jetzt im **Waldgasthaus Bockerl** ❺ an klassischer österreichischer Küche erfreuen.

Alles auf einen Blick

WIE & WANN:
Forst- und Waldwege; ganzjährig begehbar

Entspannung ✹✹✹✹✹
Genuss ✹✹✹✹✹
Romantik ✹✹✹✹✹

HIN & WEG:
Auto: Parkplatz Goldene Stiege, An der Goldenen Stiege, 2340 Mödling (GPS: 48.078917, 16.279218)
ÖPNV: Schnellbahn S2 oder S4 (Richtung Wiener Neustadt Hauptbahnhof) bis Station Mödling, dann Bus 264 (Richtung Sittendorf im Wienerwald/Dornbacher Straße) bis Haltestelle Mödling Jasomirgottgasse, danach circa 10 Minuten Fußweg über Spitalmühlgasse und An der goldenen Stiege

ESSEN & ENTSPANNEN:
Waldgasthaus Bockerl ❺ An der goldenen Stiege 22, 2340 Mödling, Tel. +43 (22 36) 4 68 68, www.bockerl.at

ENTDECKEN & ERLEBEN:
Burg Mödling ❶
Meiereiwiese ❷
Pepi's Märchenteich ❸
Husarentempel ❹

Verwöhntour 9

Auf dieser Wanderung brauchen wir keine Wanderschuhe, sehr wohl aber etwas Ausdauer und Hunger. Unsere Tour beginnt an der Ecke **Stubentor/Stadtpark.** Wir betreten gleich zu Beginn eines der ersten Highlights dieser Strecke: den 95.000 Quadratmeter großen **Stadtpark** ❶.

Wir halten uns an der ersten Weggabelung rechts, gehen nach 50 Metern kurz geradeaus und biegen dann nach weiteren 30 Metern links ab. Nach 35 Metern überqueren wir eine kleine Brücke und halten uns dann rechts. Wir wandern geradeaus neben

Stadtpark

Wien kulinarisch
Durch die Innere Stadt

dem Stadtparkteich entlang. Unter das Stimmengewirr vieler Touristen mischen sich das Quaken der Enten und das Kreischen der Möwen. Nach 230 Metern biegen wir leicht rechts ab und stehen nach kurzer Zeit vor dem **Johann-Strauß-Denkmal.** Wir gehen geradeaus weiter, passieren linker Hand die von den Wiener Stadtgärtnern gestaltete Blumenuhr und verlassen dann den Stadtpark.

Wir biegen links auf den **Stubenring** ab und nach knapp 500 Metern erreichen wir den **Schwarzenbergplatz.** Wir gehen geradeaus weiter und biegen dann links in die **Canovagasse** ab. Dieser folgen wir bis zum **Karlsplatz.** Wir überqueren die Straße und betreten dann den **Resselpark.** Vor uns erstrahlt die **Karls-**

*Der im Stil eines englischen Landschaftsgartens angelegte **Stadtpark** wurde 1862 eröffnet und war Wiens erste öffentliche Parkanlage. Hier finden sich große Wiesen, Spiel- und Sportplätze, ein malerischer Teich sowie viele Sitzbänke zum Entspannen.*

Verwöhntour 9

kirche ❷ in reinstem Weiß. Die Kirche aus dem 18. Jahrhundert ist eines der Wahrzeichen Wiens und einer der bedeutendsten barocken Kirchenbauten. Von den Bänken rund um den Kirchenvorplatz hat man einen herrlichen Blick auf das Bauwerk.

Wir gehen rechts um den kleinen Teich und dann geradeaus an der **Technischen Universität** vorbei. Nach 200 Metern überqueren wir die **Wiedner Hauptstraße** und folgen geradeaus der **Treitlstraße.** An deren Ende biegen wir links auf die **Operngasse** ab und kreuzen sie nach 60 Metern an der Ampel. Wir gehen durch den **Bärenmühldurchgang,** überqueren danach die **Rechte Wienzeile** und befinden uns nun am **Naschmarkt** ❸. Zwei Gassen, die Sopherl- und die Minerlgasse, führen parallel zueinander über den größten innerstädtischen Markt Wiens. Wir nehmen die **Minerlgasse** neben der linken Wienzeile und tauchen ins Markterlebnis ein. Hier finden wir alles, was das Herz begehrt: Obst,

*Der **Naschmarkt** liegt zwischen Linker und Rechter Wienzeile auf dem eingewölbten Wienfluss. Er reicht vom Getreidemarkt bis zur Kettenbrückengasse. Wer Lust hat, kann den Markt auch im Rahmen geführter Touren kennenlernen (Infos unter wien.info).*

Karlskirche

Naschmarkt

🌼 Für die Seele

Wir wandern durch Parkanlagen und entlang der Wiener Ringstraße. Unterwegs entdecken wir nicht nur historische, sondern auch kulinarische Highlights.

Gemüse, Backwaren, Fisch und Fleisch. Auch internationale Waren werden an den Marktständen angeboten. Zudem gibt es eine Vielzahl an Restaurants, in denen man sich kulinarisch verwöhnen lassen kann. Dies sollte man unbedingt in Anspruch nehmen und sich in Ruhe durchkosten! Samstags findet hier übrigens auch immer der beliebte Naschmarkt-Flohmarkt statt, auf dem man Antiquitäten, Bücher, Schallplatten und mehr kaufen kann.

Wir schlendern gemütlich über den Naschmarkt. Nach 200 Metern gehen wir geradeaus auf der **Mariedlgasse** weiter und kommen an mehreren Restaurants mit orientalischer Speisekarte vorbei. Wir halten uns immer geradeaus und erreichen nach knapp 400 Metern

Das Ulrich am Sankt-Ulrichs-Platz

Durch die Innere Stadt

das Ende des Naschmarkts. Wir biegen rechts ab, um zur **Linken Wienzeile** zu gelangen und diese zu überqueren. Danach gehen wir geradeaus die **Köstlergasse** hinauf. An deren Ende biegen wir links auf die **Gumpendorfer Straße** ab und folgen dieser für 360 Meter. Am **Fritz-Grünbaum-Platz** wenden wir uns rechts in die **Windmühlgasse.** Kurz danach biegen wir links in die **Barnabitengasse** und folgen dieser. Nach 200 Metern erreichen wir die **Mariahilfer Straße,** eine der beliebtesten Einkaufsstraßen Österreichs. Wir halten uns rechts und schlendern an den Schaufenstern vorbei. Nach weiteren 240 Metern biegen wir links in die **Stiftgasse** ab. Nach 160 Metern erreichen wir das nächste Ziel unserer kulinarischen Tour durch Wien: die **Gelateria La Romana** ❹. Hier werden Eisträume wahr! Dass nur die besten Zutaten verarbeitet werden, schmeckt man sofort. Wir entscheiden uns für zwei Kugeln im Stanitzel und setzen unseren Weg geradeaus fort.

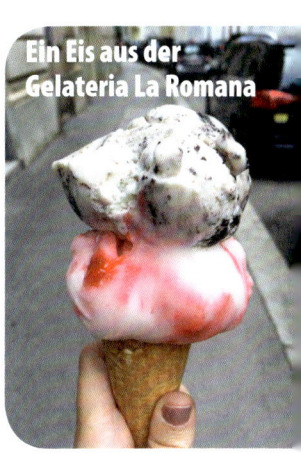

Ein Eis aus der Gelateria La Romana

Wir überqueren die **Siebensterngasse** und folgen weiter der Stiftgasse. An deren Ende biegen wir links auf die **Burggasse** ab. Nach 100 Metern erreichen wir den **Sankt-Ulrichs-Platz** mit der Kirche St. Ulrich. Hier erwartet uns schon das nächste empfehlenswerte Lokal, das **Ulrich** ❺. Hier überzeugen sowohl das Interieur als auch die Speisekarte, auf der internationale sowie saisonale Speisen stehen. Es ist jedoch nicht das einzige auf diesem Platz. Rings um die Kirche finden sich einige weitere Cafés und Restaurants, die alle einen Besuch wert sind.

Wir gehen um die Kirche und geradeaus zur **Neustiftgasse,** in die wir rechts einbiegen. Nach wenigen Metern gehen wir links durch das **Schottendurchhaus.** Durch dieses gelangen wir zur **Lerchenfelder Straße,** auf die wir dann rechts abbiegen. Nach 200 Metern gehen wir rechts in die **Museumstraße.** Nach weiteren 200 Metern schwenken wir links in die **Volksgartenstraße** ein. Diese bringt uns nun zur **Ringstraße.** Wir biegen links ab und sehen vor uns das

Parlament

imposante **Parlament ❻.** Das 1874 bis 1883 von Theophil von Hansen erbaute Parlamentsgebäude erstrahlt in Weiß und wurde in den letzten Jahren umfassend saniert. Wir passieren das Gebäude sowie den davorstehenden Pallas-Athene-Brunnen und überqueren dann an der Ampel den **Universitätsring.**

Vor uns befindet sich nun der **Volksgarten ❼,** den wir durch eines der eisernen Tore betreten. Die 1823 eröffnete Parkanlage zwischen Ringstraße und Hofburg war die erste, die vom Kaiserhaus explizit für die Öffentlichkeit errichtet wurde. Vor uns finden sich lauter Rosenstöcke, durch die Bäume blitzt das Weiß des Theseustempels. Mehrere Wege führen durch den Park. Grüne Klappsessel, auf denen man die Rosenstöcke bewundern kann, reihen sich aneinander und sind bei schönem Wetter gut besucht. Wir gehen in Richtung Tempel, um ihn aus der Nähe zu betrachten. Danach wandern wir zum Triton- und Nymphenbrunnen und wandern geradeaus weiter, um den Volksgarten durch das Tor in Richtung Heldenplatz wieder zu verlassen.

Durch die Innere Stadt

Wir passieren das Erzherzog-Karl-Denkmal und biegen dann links ab. Wir befinden uns nun am Heldenplatz mitsamt der Nationalbibliothek. Wir gehen geradeaus in Richtung Hofburg und erreichen nach 270 Metern den **Michaelerplatz** ❽**.** Rings um den Platz findet sich eine große Zahl bemerkenswerter Gebäude, die wir kurz in Augenschein nehmen: der Michaelertrakt der Hofburg mit seiner grünen Kuppel, das Looshaus, das Palais Herberstein sowie die Michaelerkirche. Zudem finden sich im Zentrum des Platzes freigelegte archäologische Ausgrabungen.

Wir halten uns links und biegen in die **Herrengasse** ein. Rechts von uns finden sich kleine Shops, die zum Einkaufen einladen. Nach 230 Metern erreichen wir ein weiteres Kulinarik-Highlight, dieses Mal für Kaffeehaus-Liebhaber: das **Café Central** ❾**.** Architektonisch ist das Café ein wahrer Augenschmaus, auf der Karte stehen Klassiker der österreichischen Küche.

Hofburg am Michaelerplatz

Donaukanal

Der 17,3 Kilometer lange **Donaukanal** zweigt bei Nussdorf von der Donau ab und mündet nahe dem Albernen Hafen wieder in selbige. Die Ufer sind gesäumt von Freizeit- und Sportanlagen sowie Restaurants. Zudem finden hier regelmäßig Musikfestivals statt.

Wir gehen geradeaus weiter, die Herrengasse wird zur Schottengasse, und erreichen nach 470 Metern den **Schottenring.** Wir biegen rechts ab und wandern nun in Richtung Donaukanal. Dabei kommen wir an herrschaftlichen Gebäuden, etwa der Wiener Börse, vorbei. Nach 700 Metern biegen wir links ab, überqueren den Schottenring und kurz danach die **Maria-Theresien-Straße.** Dann spazieren wir rechts über die **Rosauer Lände,** biegen dann links ab und gehen hinunter zum **Donaukanal** ❿**.** Am Ufer angekommen, biegen wir rechts ab und wandern am Wasser des Donauarms die **Freda-Meissner-Blau-Promenade** entlang.

Nach 300 Metern erreichen wir die **Schwimmenden Gärten,** eine Ruheoase mitten in der Großstadt. Hierbei handelt es sich um die begrünte Kaiserbadschleuse, die auf einer Fläche von 1.500 Quadratmetern mehrere Sitz- und Liegemöglichkeiten unter Bäumen bietet. Wir nehmen kurz Platz und lassen die urlaubsähnliche Atmosphäre auf uns wirken. Dann wandern wir weiter und kommen an zahlreichen Graffitis vorbei. Der Donaukanal ist nämlich

Durch die Innere Stadt

ein wahres Street-Art-Museum, kaum ein Fleckchen Wand ist nicht besprüht. Wir bestaunen die Kunstwerke und sind fasziniert von der Mischung aus Natur, Stadt und Kunst, die sich hier am Donaukanal zeigt. Nach knapp 800 Metern erreichen wir die **Schiffstation Wien,** in der sich das Restaurant **Motto am Fluss** ⑪ befindet. Hier kann man nicht nur gut speisen, sondern genießt währenddessen einen herrlichen Blick auf den Donaukanal.

Wir gehen geradeaus weiter, jetzt auf der **Wolfgang-Schmitz-Promenade,** und passieren nach kurzer Zeit das sogenannte **Badeschiff Wien.** Eine Mischung aus Restaurant, Freizeitanlage und Pool. Wir folgen der Promenade, die uns nach 170 Metern hinauf auf die **Radetzkybrücke** führt. Wir biegen rechts ab und stehen wieder vor einem beeindruckenden Gebäude: der **Urania** ⑫**.** Das Haus im neobarocken Stil beherbergt unter anderem eine Sternwarte, eine Volkshochschule

Urania

Verwöhntour 9

sowie das empfehlenswerte Restaurant **Klyo** ❸. Auch hier speist man bei herrlichem Blick auf den Donaukanal.

Nun gehen wir für 100 Meter geradeaus und überqueren dann links die **Uraniastraße**, um auf den **Julius-Raab-Platz** zu gelangen. Wir spazieren weiter geradeaus und kommen zum Stubenring. Diesem folgen wir nun für 550 Meter. Dabei kommen wir wieder an vielen Cafés und Restaurants vorbei, die alle zum kulinarischen Genuss einladen. Auch das Museum für Angewandte Kunst passieren wir. Nach 10 Minuten überqueren wir die **Weiskirchnerstraße** und befinden uns wieder am Stubentor, dem Ausgangspunkt unserer kulinarischen Wanderung durch die Wiener City.

Alles auf einen Blick

WIE & WANN:
Straßen; ganzjährig begehbar

HIN & WEG:
Auto: Parkmöglichkeiten am Stubenring, 1010 Wien (GPS: 48.207623, 16.381201)
ÖPNV: U-Bahn U3 bis Station Stubentor

ESSEN & ENTSPANNEN:
Naschmarkt ❸ an der Wienzeile zwischen Getreidemarkt und Kettenbrücke, 1060 Wien
Gelateria La Romana ❹ Stiftgasse 15–17, 1070 Wien, Tel. +43 (1) 5 23 23 00, www.gelateriaromana.com/de
Ulrich ❺ Sankt-Ulrichs-Platz 1, 1070 Wien, Tel. +43 (1) 9 61 27 82, www.ulrichwien.at
Café Central ❾ Herrengasse 14, 1010 Wien, Tel. +43 (1) 5 33 37 63, www.cafecentral.wien

Entspannung ✦✦✦✦✧
Genuss ✦✦✦✦✦
Romantik ✦✦✦✦✧

Motto am Fluss ⑪ Franz-Josefs-Kai 2, 1010 Wien, Tel. +43 (1) 2 52 55 10, www.mottoamfluss.at
Klyo ⑬ Uraniastraße 1, 1010 Wien, Tel. +43 (1) 7 10 59 46, www.klyo.at

ENTDECKEN & ERLEBEN:
Stadtpark ❶
Karlskirche ❷ Kreuzherrengasse 1, 1040 Wien, www.karlskirche.eu
Parlament ❻ Dr. Karl Renner-Ring 3, 1017 Wien
Volksgarten ❼
Michaelerplatz ❽
Donaukanal ❿
Urania ⑫ Uraniastraße 1, 1010 Wien

Kahlenberg

- 11,1 Kilometer
- 287 Höhenmeter
- 3,5 Stunden
- Rundweg

Verwöhntour 10

Im Doppelpack
Leopolds- und Kahlenberg

Auf dieser Rundwanderung kombinieren wir zwei der beliebtesten Ausflugsberge Wiens: den Leopolds- und den Kahlenberg. Dabei machen wir nicht nur einige Höhenmeter, sondern genießen auch herrliche Ausblicke sowie Kulinarisches mitten in den Weinbergen.

Unsere Wanderung beginnt beim **Beethovengang** in Nussdorf. Von hier aus wandern wir in Richtung Osten die **Zahnradbahnstraße** und danach die **Greinergasse** entlang. Nach 300 Metern erreichen wir den **Nussdorfer Platz** und biegen links auf diesen ab. Am Ende des Platzes überqueren wir die **Heiligenstädter Straße** und gehen dann geradeaus unter der Unterführung der Eisenbahngleise hindurch. Nach wenigen Minuten erreichen wir die **Hermann-Zottl-Promenade** ❶ und biegen links auf diese ab. Wir wandern nun direkt an der Donau und folgen der Promenade für 2 Kilometer. Immer wieder sehen wir Schiffe, die die Donau entlangfahren. Möwen umkreisen uns, Schwäne sitzen am Ufer. Entlang der Promenade finden sich Bänke, die zum Sitzen und Genießen der Atmosphäre einladen.

Nach 2 Kilometern biegen wir links ab und unterqueren wieder die Eisenbahngleise sowie die

Hermann-Zottl-Promenade

91

Leopoldsberg mit Leopoldskirche

*Der **Leopoldsberg** wurde bis ins 17. Jahrhundert Kahlenberg genannt und erst nach dem Bau der Leopoldskirche in Leopoldsberg umbenannt. Der benachbarte höhere Sauberg wurde daraufhin zum Kahlenberg. Das Kahlenbergerdorf behielt seinen Namen.*

Heiligenstädter Straße. Danach gehen wir für 20 Meter geradeaus und halten uns dann rechts. Wir befinden uns nun im **Kahlenbergerdorf** am Fuße des Leopoldsbergs. Hier beginnt der sogenannte **Nasenweg**. Dieser führt auf einer Länge von 1,5 Kilometern auf den 425 Meter hohen Leopoldsberg. Dabei kommen wir ordentlich ins Schwitzen, hier müssen wir nämlich ganze 250 Höhenmeter überwinden! Zum Glück gibt es zwischendrin aber immer wieder die Gelegenheit, Pausen einzulegen und die Aussicht zu genießen.

Nach 45 Minuten erreichen wir den Gipfel des **Leopoldsbergs** ❷. Von der Aussichtsplattform erwartet uns eine weite Sicht auf Wien und darüber hinaus. Den Leopoldsberg erkennt man vor allem an seiner Kirche, der Leopoldskirche, die weithin sichtbar auf dem Gipfel thront. Diese wurde in den letzten Jahren umfassend renoviert und ist für besondere Anlässe geöffnet. Zudem befindet sich auf dem Leopoldsberg ein Denkmal für ukrainische Kosaken, zum Dank für die Befreiung von den Türken 1683.

Nachdem wir die Aussicht genossen haben, setzen wir unsere Tour in Richtung Kahlenberg fort. Dazu

Leopolds- und Kahlenberg

folgen wir dem Weg, der parallel zur Höhenstraße in westlicher Richtung verläuft. Nach rund 800 Metern erreichen wir die weitläufige **Elisabethwiese.** Sie lädt zum Spielen und Picknicken ein und ist bei schönem Wetter immer gut besucht. Gleich angrenzend befindet sich der Waldseilpark Kahlenberg. Hier kann man in luftiger Höhe von Baum zu Baum klettern oder auch mit dem Flying Fox durch die Lüfte fliegen. Wir gehen ein Stück weiter und passieren dann die **Josefinenhütte** ❸. Hier stehen sowohl österreichische als auch internationale Gerichte auf der Speisekarte, gegessen wird entweder im Freien unter Bäumen oder in der gemütlichen Hütte.

Kosakendenkmal

❀ Für die Seele

Eine abwechslungsreiche Rundwanderung, die zu den zwei Hausbergen Wiens führt. Dabei wandern wir durch wunderschöne Weinberge und zu mehreren Heurigen.

Weg vom Leopoldsberg zum Kahlenberg

Verwöhntour 10

Kirche St. Josef auf dem Kahlenberg

Wir folgen dem Weg und wandern durch den grünen Mischwald des Wienerwaldes. Die Bienen summen und die Vögel zwitschern, am Wegesrand bietet sich uns ein bunter Mix aus unterschiedlichen Blumen. Nach etwas mehr als 500 Metern gehen wir linker Hand an einem großen Parkplatz vorbei. Wir halten uns weiter geradeaus und erreichen nach kurzer Zeit den 484 Meter hohen **Kahlenberg** ❹. Vor uns befindet sich die 1734 erbaute **Kirche St. Josef.** Wir gehen rechts an der Kirche vorbei und geradeaus, um zu einem der beiden Aussichtspunkte des Kahlenbergs zu gelangen. Hier liegt uns ganz Wien zu Füßen! An klaren Tagen reicht die Sicht sogar bis zum Schneeberg. Herrlich!

Wer die Hausberge Wiens nicht zu Fuß erklimmen will oder kann, der hat auch die Möglichkeit, mit öffentlichen Verkehrsmitteln anzureisen. Die Buslinie 38A fährt vom Bahnhof Heiligenstadt über Grinzing und den Cobenzl zum Kahlenberg und Leopoldsberg.

Danach gehen wir wieder zurück zur Kirche und biegen links auf die **Kahlenberger Straße** ab. Dieser folgen wir für 1,2 Kilometer. Dabei wandern wir leicht bergab und durch den grün leuchtenden Wald. Zwischen den Bäumen erhaschen wir immer wieder einen Blick auf die umliegenden Weinberge sowie Wien. Wir treffen auf den **Heinz-Werner-Schimanko-Weg** und biegen rechts ab, um auf der Kahlenberger Straße zu bleiben. Wir befinden uns nun mitten in den Weinbergen. Hier reiht sich, so weit das Auge reicht, ein Weinstock an den nächsten. Nach 280 Metern erreichen wir den Heurigen **Mayer am Nussberg** ❺. Der kleine Ausschank bietet Wein, Alkoholfreies, Heurigen-Klassiker wie Käse- und Speckbrot, aber auch Salate und Veganes. Wir entscheiden uns für ein Gläschen Himbeersturm und genießen es bei herrlicher Aussicht.

Leopolds- und Kahlenberg

Nur ein paar Meter weiter befindet sich der nächste empfehlenswerte Heurige, der **Heurige Sirbu** ❻. Hier erwarten einen die Heurigen-Schmankerl in Buffetform, sowohl Fleischtiger als auch Vegetarier werden definitiv satt. Wer gleich mehrere Heurigen auf einmal besuchen will, dem sei übrigens eine Fahrt mit dem Heurigenexpress empfohlen. Dieser bringt Besucher von April bis Oktober vom Bahnhof Heiligenstadt über den Nussberg und Kahlenberg bis nach Grinzing und macht bei mehreren Heurigen halt.

Von hier aus haben wir auch einen schönen Blick zurück auf den Leopolds- und den Kahlenberg. Wir sehen die Kirche St. Josef sowie den Sender am Kahlenberg. Nachdem wir uns kulinarisch gestärkt haben, setzen wir unsere Wanderung fort. Wir gehen ein Stück die Kahlenberger Straße zurück und biegen dann links auf die **Wildgrubgasse** ab. Diese führt uns mitten durch die Weinberge. Hier am Kahlenberg gedeihen Riesling, Veltliner und Gemischter Satz. Bereits in der Römerzeit wurden die Hänge des Kahlenbergs

Heuriger in den Weinbergen

Durch die Weingärten

Blick auf Wien

Leopolds- und Kahlenberg

für den Weinbau genutzt. Heute ist Wien die einzige Großstadt der Welt, in der innerhalb der Stadtgrenzen Weinbau betrieben wird.

Nach 800 Metern biegen wir links ab, um auf der Wildgrubgasse zu bleiben. Wir wandern geradeaus und bestaunen nicht nur die Weinreben mit ihren saftigen Trauben, sondern auch die Aussicht. Nach 1,5 Kilometern erreichen wir den **Heiligenstädter Friedhof.** Auf unserem Weg dorthin kommen wir noch an weiteren Heurigen vorbei. Bevor man sich zur Wanderung aufmacht, sollte man sich unbedingt über die Aussecktermine der Heurigen informieren.

Wir gehen an den Mauern des Friedhofs entlang und folgen weiter der Wildgrubgasse. Nach 450 Metern überqueren wir die **Kahlenberger Straße** und betreten den **Beethovenpark** ❼. Die kleine, aber feine Parkanlage bietet zahlreiche Bänke zum Ausruhen und Verweilen. Wir gehen ein Stück geradeaus und biegen dann rechts und gleich wieder links ab, um zum **Beethovendenkmal** zu gelangen. Nachdem wir das Denkmal betrachtet haben, biegen wir links und

*„Ausg'steckt is" heißt es, wenn die **Heurigen** ihre Tore für Gäste öffnen. Die sogenannten Aussecktermine finden sich meist an den Türen der jeweiligen Heurigen, in manchen Orten gibt es auch große Tafeln, an denen die Termine kommuniziert werden.*

Beethovenpark mit Beethovendenkmal

Verwöhntour 10

dann gleich wieder rechts auf den **Beethovengang** ab. Diesem folgen wir nun für 500 Meter. Rechts von uns plätschert der kleine Schreiberbach in seinem Bachbett, links kommen wir an Einfamilienhäusern vorbei. Wer noch einmal bei einem Heurigen einkehren will, der nimmt nicht den Weg durch den Beethovenpark, sondern über die **Frimmelgasse** und besucht den **Heurigen Cech/Palais Hengl** ❽. Am Ende des Parks überqueren wir die **Eroicagasse** und folgen dann geradeaus der **Zahnradbahnstraße.** Der schmale Weg führt uns an Wohnhäusern vorbei und bringt uns nach 280 Metern an jenen Platz, an dem unsere Rundwanderung begonnen hat, die Straßenbahnhaltestelle Nussdorf, Beethovengang.

Alles auf einen Blick

WIE & WANN:
Straßen, Forst- und Waldwege; ganzjährig begehbar

HIN & WEG:
Auto: Parkmöglichkeiten in der Zahnradbahnstraße, 1190 Wien
(GPS: 48.259587, 16.363239)
ÖPNV: Straßenbahn D bis Endstation Nussdorf, Beethovengang

ESSEN & ENTSPANNEN:
Josefinenhütte ❸ Josefsdorf 47, 1190 Wien, Tel. +43 (1) 3 20 39 75, www.erlebniswelt-kahlenberg.at
Mayer am Nussberg ❺ Kahlenberger Straße 213, 1190 Wien, Tel. +43 (6 64) 75 55 66 67, www.mayeramnussberg.at

Entspannung ✳✳✳✳✳
Genuss ✳✳✳✳✳
Romantik ✳✳✳✳✳

Heuriger Sirbu ❻ Kahlenberger Straße 210, 1190 Wien, Tel. +43 (1) 320 5928, www.sirbu.at
Heuriger Cech/Palais Hengl ❽ Beethovengang 12, 1190 Wien, Tel. +43 (1) 3 70 26 17, www.palaishengl.at

ENTDECKEN & ERLEBEN:
Hermann-Zottl-Promenade ❶
Leopoldsberg ❷
Kahlenberg ❹
Beethovenpark ❼

- 9,5 Kilometer
- 195 Höhenmeter
- 3 Stunden
- Strecke

Durch die Weingärten geht es hinunter nach Stammersdorf

Verwöhntour 11

Der Bisamberg bildet gemeinsam mit dem etwas südlicher gelegenen Leopoldsberg (siehe Verwöhntour 10) die sogenannte Wiener Pforte. Dabei handelt es sich um den Durchbruch der Donau vom Wienerwald in das Wiener Becken. Der 358 Meter hohe Bisamberg, der sich sowohl auf Wiener als auch niederösterreichischem Gemeindegebiet erstreckt, ist ein beliebtes Erholungsgebiet und Ausflugsziel. Er weiß sowohl mit Naturerlebnissen als auch mit kulinarischen Genüssen zu beeindrucken. Bei einer Wanderung von Langenzersdorf bis nach

Waldspielplatz

Weinidylle
Langenzersdorf bis Stammersdorf

Stammersdorf lernt man die verschiedenen Facetten des Bisambergs kennen und wird zudem mit herrlichen Ausblicken belohnt.

Unsere Wanderung beginnt am **Bahnhof Langenzersdorf.** Wir folgen der **Klosterneuburger Straße** in nordöstliche Richtung und biegen nach etwa 260 Metern links auf die **Korneuburger Straße** ab. Nach 5 Minuten gehen wir rechts in die **Berggasse,** an deren Ende uns ein Schild den Weg hinein in den dichten Wald zur Elisabethhöhe weist. Nun wird es steil! Der **Czastkaweg,** ein schmaler, mit Wurzeln durchzogener Pfad, führt in kleinen Serpentinen stetig bergauf. Hier ist Trittsicherheit gefragt. Schnell gewinnen wir an Höhe, binnen Minuten lassen wir die Zivilisation hinter uns

Verwöhntour 11

Kaiserin-Elisabeth-Gedenksäule

*Charakteristisch für die Flora des **Bisambergs** ist die Kombination aus Eichen-Mischwäldern, Flaumeichen-Buschwäldern sowie Trockenrasen. Zudem sind seltene Blumen und Insektenarten sowie die Hälfte der österreichischen Bienenvölker hier beheimatet.*

und befinden uns mitten im Naturerlebnis. Wunderbar!

Nach rund 20 Minuten treffen wir auf den **Nordwienersteig,** der seinen Ursprung ebenfalls in Langenzersdorf hat. Wir folgen diesem und erreichen nach weiteren 10 Minuten den **Waldspielplatz ❶**. Dankbar für eine kurze Pause, nehmen wir auf einer der Bänke Platz und genießen den herrlichen Blick auf den Leopoldsberg, die Donau sowie Korneuburg. Den steilsten Abschnitt der Wanderung haben wir nun hinter uns, von nun an geht es gemütlich weiter beziehungsweise bergab. Wir folgen erneut dem Nordwienersteig und wandern geradeaus durch den Wald. Obwohl wir seit Beginn der Wanderung kaum Menschen gesehen haben, sind wir nicht allein. Wir begegnen Schmetterlingen und Bienen, die vergnügt zwischen den Pflanzen am Wegesrand flattern und summen. Der Bisamberg ist bekannt für seine einzigartige Pflanzen- und Tierwelt und zu großen Teilen als Landschaftsschutzgebiet ausgewiesen.

Nach 500 Metern erreichen wir die **Elisabethhöhe ❷**, den höchsten Punkt des Bisambergs. Obwohl der Aufstieg über den Czastkaweg und den Nordwienersteig uns schon etwas ins Schwitzen bringt, kommen wir voller Kraft oben an. Wald und Aussicht sorgen dafür, dass unsere Energietanks geladen bleiben. Auf der Elisabethhöhe findet sich eine große Wiese, auf der man picknicken, Drachen steigen lassen, Fußball spielen oder sich einfach nur ins Gras legen und der Natur lauschen kann. Hier befindet sich auch die aus Sandstein gestaltete **Kaiserin-Elisabeth-Gedenksäule ❸,** kurz auch Elisabethsäule genannt, die 1899 enthüllt wurde. Überlieferungen zufolge soll Kaiserin Elisabeth bei einem Spaziergang auf dem Bisamberg an dieser Stelle besonders von der Aussicht angetan gewesen sein. Und wir können nur zustimmen! Wenige Meter nach der Elisabethsäule findet sich ein **Aussichtspunkt ❹,** von dem man bei schönem Wetter eine wunderbare Sicht auf Korneuburg, den Donauraum, Klosterneuburg sowie den Leopoldsberg hat.

Nachdem wir den Ausblick genossen und Fotos gemacht haben, setzen wir unsere Wanderung fort. Wir folgen dem Weg noch ein kleines Stück geradeaus und

Für die Seele

Wir wandern durch farbenprächtige Wälder und Weingärten, erklimmen den Bisamberg, haben eine wunderschöne Aussicht und genießen regionale Schmankerl.

Aussicht von der Elisabethhöhe

Stimmungsvoller Weg durch den Wald

*Zahlreiche **archäologische Funde** weisen darauf hin, dass der Bisamberg bereits vor Jahrtausenden besiedelt wurde. So wurden bei Grabungen Reste einer keltischen Siedlung sowie von Befestigungsanlagen aus den preußischen Kriegen um 1866 entdeckt.*

biegen dann rechts ab, gehen kurz zurück in die Richtung, aus der wir gekommen sind, und nehmen nach 40 Metern den schmalen Pfad, der uns in den Wald und vorbei an der **Senderanlage Bisamberg** führt. Hier kommen wir uns vor wie im Dschungel. Links und rechts drängen Büsche und Bäume auf den Weg, ein paarmal müssen wir uns bücken, um unter dünnen Ästen hindurchzuschlüpfen. Wir folgen dem Pfad für knapp 300 Meter und treffen dann auf eine breite Forststraße, auf die wir links abbiegen.

Nun gehen wir geradeaus und biegen nach 5 Minuten links auf die Forststraße **Gamsweg** ab. Diese führt uns durch einen farbenprächtigen Laubwald und ist ein beliebter Spazierort für all jene, die mit dem Auto auf den Bisamberg fahren. Dementsprechend viel los ist hier bei gutem Wetter. Wir verlassen den frequentierten Weg aber bereits nach 100 Metern wieder und biegen leicht links ab. Dem Weg folgend, spazieren wir immer noch durch den dichten Wald. Begleitet werden wir vom fröhlichen Zwitschern der Vögel in den Bäumen. Wer Glück hat, begegnet Hasen und Rehen

Langenzersdorf bis Stammersdorf

oder einem der seltenen Admiralfalter. Uns bleibt diese Freude leider verwehrt, der Stimmung tut dies jedoch keinen Abbruch!

Nach rund 10 Minuten macht der Weg eine Biegung nach rechts und bringt uns zur **Bildereiche** ❺. Der zum religiösen Denkmal umfunktionierte Baum ist mit mehreren Bildern geschmückt und dient als Andachtsstätte. Neben der Eiche befinden sich außerdem ein Pavillon sowie mehrere Bänke, die zu einer kleinen Pause mitten im dichten Wald einladen. Wir folgen dem Weg und gelangen nach kurzer Zeit zur **Eichendorff-Höhe** ❻. Uns erwarten eine große Wiese, die zum Picknicken, Spielen oder einfach zum Entspannen einlädt, sowie eine wunderschöne Aussicht auf Wien. Wir setzen uns ins Gras und lassen die Stimmung auf uns wirken. Danach gehen wir geradeaus weiter, der Weg führt etwas bergab, und treffen nach 5 Minuten auf die **Magdalenenhofstraße.** Wir

Bildereiche und Pavillon

Spielplatz vor dem Berggasthof Magdalenenhof

spazieren nach links und sehen vor uns den **Berggasthof Magdalenenhof** ❼, ein beliebtes Ausflugsziel am Bisamberg. Auf der Karte stehen saisonale und regionale Speisen, vor dem Gasthof gibt es einen großzügigen Spielplatz.

Wir kehren aber nicht ein, sondern biegen rechts auf **Oberer Weg/Klausgraben** ab. Diesem folgen wir, bis wir rechter Hand nach etwa 10 Minuten auf eine Wiese mit Picknicktisch stoßen. Wir gehen links über die Wiese, von der man bei gutem Wetter ebenfalls eine wunderbare Sicht auf die uns zu Füßen liegende Großstadt hat, und folgen dem Weg, der nun wieder etwas schmaler wird. Wir merken, wie sich hier auf der Wiener Seite des Bisambergs die Natur verändert. Der dichte Laubwald lichtet sich und macht den Weingärten Platz. Aufgrund seiner Bodenbeschaffenheit ist der Bisamberg nämlich seit Jahrhunderten ein besonders beliebtes Weinanbaugebiet. Knapp 900 Meter lang passieren wir Weingärten, ehe wir auf die **Senderstraße** treffen und auf diese rechts abbiegen. Wer mag, kann beim Berggasthof Magdalenenhof auch, anstatt auf Oberer

Langenzersdorf bis Stammersdorf

Weg/Klausgraben abzubiegen, geradeaus gehen und trifft dann nach 600 Metern ebenfalls auf die Senderstraße. Leicht bergab spazieren wir nun an Hunderten Weinreben vorbei und gelangen nach wenigen Minuten zur nächsten Einkehrmöglichkeit: dem **Bio-Weingut Weinhandwerk 8**. Hier kann man bei herrlichem Ausblick Kreatives aus der Wildkräuterküche genießen. Und natürlich gibt es auch Wein vom Bisamberg.

Zwischen den Weinbergen lohnt es sich, die Augen offen zu halten. Denn am Bisamberg lebt die größte Zieselkolonie Österreichs. Die streng geschützte Erdhörnchenart fühlt sich vor allem auf den Ausläufern des Bisambergs in Floridsdorf sehr wohl und findet Deckung und Nahrung in den Weingärten. Bei unserer Wanderung ist uns leider keines der niedlichen Tiere begegnet – ein Grund, wiederzukommen und weiterzusuchen!

Am Ende der Senderstraße biegen wir rechts auf die Stammersdorfer Kellergasse ab. Auch wenn sie mit ihren ganzen Heurigen – unter anderem dem **Ausflugslokal und Flammerie Genusshuette 9** – auf dem Weg sehr einladend wirkt, bleiben wir nicht auf ihr, sondern biegen nach 80 Metern links auf den **Senderstraßengraben** ab, auf dessen beiden Seiten sich Weingärten erstrecken, so weit das Auge reicht. Nach 450 Metern geht der Graben in die **Neusatzgasse** über. Diese Kellergasse bringt uns hinunter nach Stammersdorf. Die Weingärten sehen wir nicht mehr, dafür kommen wir nun aber an mehreren Weinkellern vorbei. Für 10 Minuten wandern wir über Kopfsteinpflaster durch die Kellergasse und betrachten dabei die teils verwilderten, teils hübsch gestalteten Weinkeller.

Kellergasse

Verwöhntour 11

*Ein **Heuriger** ist ein Lokal, in dem Wein ausgeschenkt wird. Heurigenlokale dürfen ausschließlich selbst erzeugte Getränke und kalte Speisen verkaufen. Mit dem Begriff wird aber auch ein Jungwein vor der Vollendung des ersten Lebensjahres bezeichnet.*

Wir treffen auf die **Clessgasse** und halten uns links. Auf der rechten Seite befindet sich die **Pfarrkirche Stammersdorf.** Wir biegen nach der Kirche rechts ab und spazieren durch den Karl-Brunner-Park und die Liebleitnergasse hinab zur **Stammersdorfer Straße.** Diese überqueren wir und biegen dann nach links ab, ehe wir rechts in die **Luckenschwemmgasse** gehen. Wir folgen der Gasse bis ans Ende und biegen dann links auf die **Josef-Flandorfer-Straße** ab. Zwischen Wohnhäusern legen wir nun die letzten 750 Meter unserer Wanderung zurück. Nach diesen findet sich auf der rechten Seite die **Straßenbahnhaltestelle Stammersdorf,** von der uns die Linien 30 und 31 wieder zum Ausgangspunkt unserer Wanderung bringen.

Alles auf einen Blick

WIE & WANN:
Asphalt, Forst- und Waldwege; ganzjährig begehbar

HIN & WEG:
Auto: Parkmöglichkeiten beim Bahnhof Langenzersdorf, Bahnhofplatz 3, 2103 Langenzersdorf (GPS: 48.306621, 16.356003)
ÖPNV: Schnellbahn S3 (Richtung Hollabrunn) und S4 (Richtung Stockerau) sowie Regionalzüge bis Bahnhof Langenzersdorf; Rückkehr zum Ausgangspunkt: Straßenbahn 30 oder 31 ab Station Stammersdorf bis Floridsdorf, danach mit Schnellbahn S3 (Richtung Hollabrunn) und S4 (Richtung Stockerau) bis Bahnhof Langenzersdorf

ESSEN & ENTSPANNEN:
Berggasthof Magdalenenhof ❼ Senderstraße 127, 1210 Wien, Tel. +43 (1) 2 92 03 95, www.berggasthof-magdalenenhof.com

Entspannung ✸✸✸✸✸
Genuss ✸✸✸✸✸
Romantik ✸✸✸✸✸

Bio-Weingut Weinhandwerk ❽ Senderstraße 27, 1210 Wien, Tel. +43 (6 80) 4 01 41 51, www.weinhandwerk.at
Ausflugslokal und Flammerie Genusshuette ❾ Stammersdorfer Kellergasse 133, 1210 Wien, Tel. +43 (6 80) 2 17 36 36, www.genusshuette.eu

ENTDECKEN & ERLEBEN:
Waldspielplatz ❶
Elisabethhöhe ❷
Kaiserin-Elisabeth-Gedenksäule ❸
Aussichtspunkt ❹
Bildereiche ❺
Eichendorff-Höhe ❻

Entschleunigungstour 12

Im Westen Wiens und dem östlichen Teil des Wienerwaldes befindet sich der Lainzer Tiergarten. Das Erholungsgebiet ist bei Jung und Alt beliebt, bietet zahlreiche Picknickorte, mehrere Spielplätze, ein gut ausgebautes Wegenetz, tierische Begegnungen und einen Hauch von Vergangenheit. All das erleben wir auch bei unserer Rundwanderung, die ihren Anfang beim **Nikolaitor** macht.

Gleich nachdem wir den Lainzer Tiergarten betreten, biegen wir rechts ab und folgen der **Stegtorstraße** an der Mauer des Tiergartens entlang. Noch nehmen wir den Verkehr der Großstadt wahr, diesen werden wir aber bald hinter uns lassen. Nach knapp 650 Metern macht die Straße eine Biegung nach links und wir hören das Zwitschern der Vögel. Wir befinden uns weiter auf der Stegtorstraße und tauchen in den Lainzer Tiergarten ein. Links von uns erhebt sich der Nikolaiberg, an seinem Hang wächst dichter Laubwald. Nach 1 Kilometer finden wir uns in einer Allee aus großen Kastanien wieder. Hier beginnt die **Große Grünauer Teichwiese** ❶. Wir treffen auf den ersten von vie-

Sissis Spuren
Durch den Lainzer Tiergarten

len Picknicktischen, die im Lainzer Tiergarten zum Verweilen einladen. Mit etwas Glück laufen einem hier Wildschweine über den Weg. Und tatsächlich! Am Ende der Wiese ist gerade eines auf Futtersuche.

Wir wandern weiter geradeaus. Die Große Grünauer Teichwiese geht in die **Kleine Grünauer Teichwiese**

Entschleunigungstour 12

Die **Wiesen** im Tiergarten sind naturnah, was bedeutet, dass sie nie mit Kunstdünger bearbeitet wurden. Daher weisen sie eine vielfältige Flora und Fauna auf. So finden sich auf ihnen gefährdete Pflanzen wie der Sumpfquendel oder das Sumpf-Ruhrkraut.

über, rechts kommen wir an der **Auhofer kleinen Stockwiese** vorbei. Wir bleiben auf der asphaltierten **Stegtorstraße** und wandern weiter geradeaus. Rechts und links von uns ragen die Bäume des Waldes in die Höhe. Hier und da hört man das Klopfen eines Spechts und den hellen Gesang der Vögel.

Nach 1 Kilometer erreichen wir eine Kreuzung, an der wir links auf die **Rohrhausstraße** abbiegen. Der Weg wird nun etwas steiler und führt uns weiter durch den Wald. Der Lainzer Tiergarten zeichnet sich vor allem durch seine alten Buchen- und Eichenwälder aus. Diese stehen zum Teil über 400 Jahre hier und sind Heimat von Spechten, Meisen, Fledermäusen und Käfern.

Nach 15 Minuten lichtet sich der Wald und wir erreichen die **Kleine Schottenwiese.** Wir folgen dem Weg, der eine Biegung nach links macht, und gelangen nach 300 Metern zu der großzügigen **Rohrhauswiese** ❷.

Idyllischer Rastplatz

Durch den Lainzer Tiergarten

Hier finden sich mehrere Bänke, die zum Entspannen und Genießen der Natur einladen, ein Kinderspielplatz sowie das **Rasthaus Rohrhaus** ❸. Wir nehmen auf einer Bank Platz und legen eine kurze Rast ein. Dabei

✿ Für die Seele

Wir schnuppern kaiserliche Luft im ehemaligen Jagdgebiet der Habsburger, begegnen wilden Tieren und genießen einen herrlichen Ausblick auf Wien.

lassen wir den Blick über die Wiese schweifen und genießen die Sonnenstrahlen auf unserem Gesicht.

Erholt setzen wir unsere Wanderung fort und folgen nach dem Rasthaus Rohrhaus dem Schild in Richtung Hermesvilla rechts in den Wald hinein. Der geschotterte Weg führt uns nun leicht bergab durch den

Entschleunigungstour 12

Buchen- und Eichenwald. Wir halten erneut die Augen nach Wildschweinen offen, begegnen aber keinem. Wir wandern gemächlich bergab und hören dabei immer wieder das leise Plätschern des Katzengrabens, eines kleinen Bachs, der beim Rasthaus Rohrhaus entspringt und beim Lainzer Tor in den Lainzerbach mündet.

Der Weg bringt uns geradewegs zur romantischen **Hermesvilla** ❹, die wir nach 1,5 Kilometern erreichen. Wir biegen rechts ab und gelangen zum Eingang der Villa, die einst Kaiserin Elisabeth ihr Eigen nannte. Das schlossähnliche Bauwerk war ein Geschenk Kaiser Franz Josephs, der hoffte, damit seine reiselustige Ehefrau häufiger in Wien halten zu können. Heute finden sich in der Villa mehrere Ausstellungen, die unter anderem Einblick in die kaiserlichen Besitzer geben. Zudem befindet sich in der Hermesvilla das **Hermes Café Restaurant Labstelle** ❺, in dem man sich auf der Terrasse stärken kann.

Die Habsburger erwarben nach und nach Gründe des heutigen **Lainzer Tiergartens** *und nutzten sie zur Jagd. Heute befindet sich das Erholungsgebiet im Besitz der Stadt Wien und ist das ganze Jahr über ein beliebtes Ausflugsziel bei Jung und Alt.*

Waldweg

Hermesvilla

Nachdem wir die beeindruckende Villa von allen Seiten bestaunt haben, wandern wir weiter geradeaus die **Hermesstraße** entlang. Nach knapp 200 Metern biegen wir links auf den Waldpfad ab. Dieser führt uns an der **Penzinger Wiese** vorbei und ist Teil des Naturerlebnispfads Hermesvillapark. Dieser wiederum erstreckt sich auf einer Länge von 2,5 Kilometern rund um die Penzinger Wiese und gibt Aufschluss über die Flora und Fauna des Lainzer Tiergartens. Nach 10 Minuten treffen wir auf die **Hermesstraße,** auf die wir links abbiegen. Linker Hand findet sich nun das **Damhirsch- und Mufflongehege ❻.** Wir wandern entlang des Geheges und beobachten die Hirsche und Schafe, die sich die Sonne auf ihr Fell scheinen lassen. Entlang der Hermesstraße laden Sitzbänke zum Verweilen ein, Familien empfehlen wir einen Halt am großen Spielplatz,

Am Damhirsch- und Mufflongehege

Entschleunigungstour 12

Eine von vielen Wiesen

der sich rechts von der Hermesstraße findet.

Nach 400 Metern erreichen wir das **Lainzer Tor** sowie ein kleines Informationszentrum, in dem man Wissenswertes zum Wienerwald und dem Tiergarten erfährt. Wir biegen links ab und folgen dem Schild, das uns abermals zum Naturlehrpfad führt. Nach 500 Metern halten wir uns links und bleiben auf dem Weg, der uns weiter durch den Wald leitet. Wir erreichen nach 5 Minuten eine Kreuzung und gehen geradeaus in Richtung Wiener Blick. Nach 170 Metern biegen wir links auf den **Saulackenmaisweg** ab. Der Waldweg führt uns leicht bergauf über Wurzeln alter Bäume hinauf zum **St. Veiter Tor,** einem weiteren Eingang zum Lainzer Tiergarten. 100 Meter danach biegen wir links auf den **Wiener-Blick-Weg** ab. Dieser führt uns für 500 Meter geradeaus und macht dann eine Biegung nach rechts. Nun geht es etwas steiler über

Wiener Blick

Durch den Lainzer Tiergarten

einen schmaleren Waldweg hinauf zum **Wiener Blick** ❼, den man nach 10 Minuten erreicht. Von hier hat man eine wunderschöne Aussicht auf Wien und sogar noch weiter. Die **Baderwiese,** auf der sich der Aussichtspunkt befindet, ist zudem ein idealer Ort für ein Picknick mit Weitblick.

Nachdem wir die Aussicht in uns aufgenommen haben, wandern wir rechts weiter entlang des Wiener-Blick-Weges und biegen nach 5 Minuten rechts auf den **Hackenbergweg** ab. Wir tauchen abermals ein in die dichte Waldlandschaft des Lainzer Tiergartens und genießen die Atmosphäre sowie die unterschiedlichen Grüntöne. Wir wandern nun am Fuße des **Hagenbergs,** dem 411 Meter hohen Grenzberg zwischen Ober-St.-Veit und dem Lainzer Tiergarten.

Nikolaikapelle

Wir folgen dem Weg für knapp 2 Kilometer und wandern stetig leicht bergab. An der Kreuzung halten wir uns rechts und orientieren uns an dem Schild in Richtung Nikolaitor. Nach 10 Minuten erreichen wir

Entschleunigungstour 12

*Wer sich die Größe des Lainzer Tiergartens vor Augen führen möchte, der kann rund um die **Tiergartenmauer** wandern. Diese umschließt das 2.450 Hektar große Naturschutzgebiet und führt durch Hütteldorf, Penzing, Liesing und Teile Niederösterreichs.*

die **Nikolaiwiese,** auf der sich ein kleiner, aber feiner Waldspielplatz befindet. Wir folgen weiter dem geschotterten Weg und sehen nach rund 250 Metern auf einem Hügelchen auf unserer linken Seite die **Nikolaikapelle** ⑧ stehen. Bei diesem kleinen Kirchenhaus handelt es sich um einen der ältesten Sakralbauten Wiens.

Nun befinden wir uns nahezu am Ende unserer Wanderung durch den Lainzer Tiergarten. Unser Weg führt uns leicht bergab wieder zum **Nikolaitor.** Wir werfen noch einmal einen Blick über die Schulter, atmen abermals die erfrischende Waldluft ein und verlassen durch das Tor das Erholungsgebiet Lainzer Tiergarten.

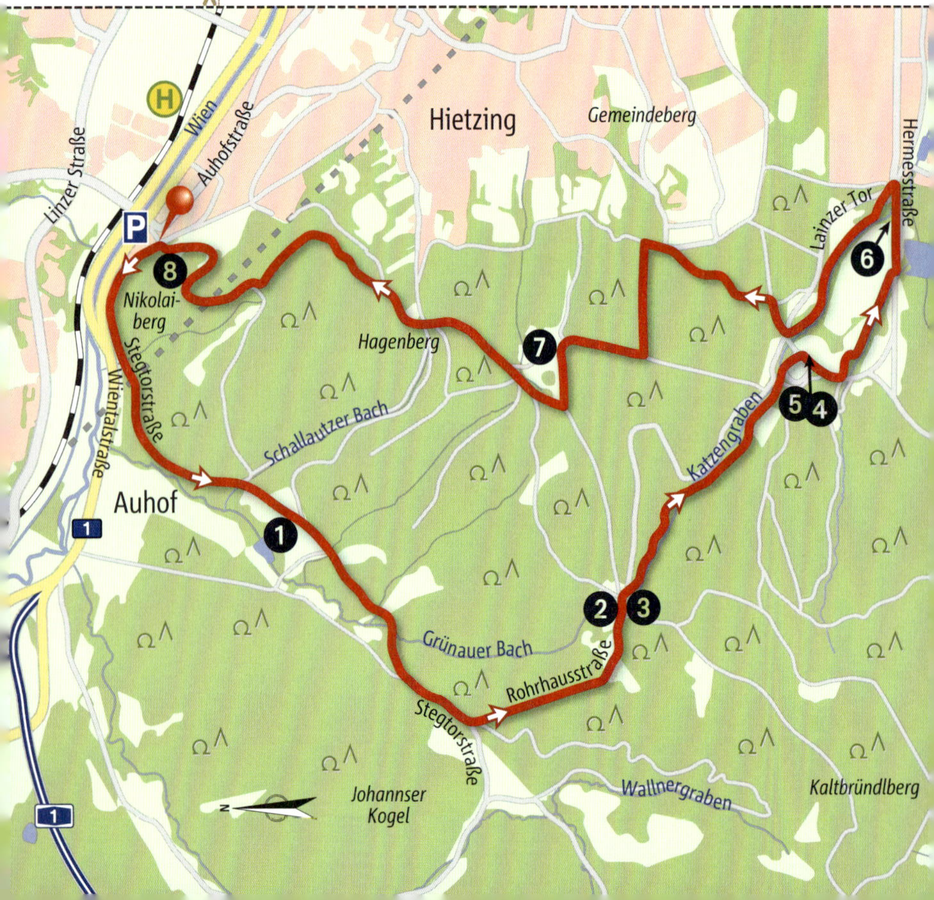

Alles auf einen Blick

WIE & WANN:
Asphalt, Forst- und Waldwege; ganzjährig begehbar (Toröffnungszeiten beachten: www.lainzer-tiergarten.at)

HIN & WEG:
Auto: Parkmöglichkeiten in der Nikolausgasse oder Himmelhofgasse, 1130 Wien (GPS: 48.198429, 16.253102)
ÖPNV: U-Bahn U4 bis Station Hütteldorf, danach circa 10 Minuten Fußweg über Keißlergasse, Stampfergasse und Nikolausgasse

ESSEN & ENTSPANNEN:
Rasthaus Rohrhaus ❸ Lainzer Tiergarten, 1130 Wien, Tel. +43 (6 76) 3 92 6140, www.rohrhaus.com
Hermes Café Restaurant Labstelle ❺ Lainzer Tiergarten, 1130 Wien, Tel. +43 (1) 8 04 13 23, www.hermes-villa.at

ENTDECKEN & ERLEBEN:
Große Grünauer Teichwiese ❶
Rohrhauswiese ❷
Hermesvilla ❹ Lainzer Tiergarten, 1130 Wien, Tel. +43 (1) 8 04 13 24, www.wienmuseum.at/de/standorte/hermesvilla

Entspannung ✺✺✺✺✺
Genuss ✺✺✺✺✺
Romantik ✺✺✺✺✺

Damhirsch- und Mufflongehege ❻
Wiener Blick ❼
Nikolaikapelle ❽

Entschleunigungstour 13

Am Ostrand des Wienerwaldes zwischen Mödling und Maria Enzersdorf befindet sich auf einer Meeresspiegelhöhe von 332 Metern der Kalenderberg. Dieser ist vor allem für seine von Johann Joseph Fürst von Liechtenstein errichteten Bauwerke bekannt. Aber auch landschaftlich ist der Kalenderberg, der im 6.500 Hektar großen Naturpark Föhrenberge liegt, ein Erlebnis. Dichte Mischwälder wechseln sich mit markanten Föhrenwäldern ab. Mehrere Wiesen und Picknicktische laden außerdem zur gemütlichen Rast ein. Bei dieser familienfreundlichen Wanderung rund um den Kalenderberg lassen sich zwei Dinge miteinander verbinden: eine Reise in die Vergangenheit sowie ein entschleunigendes Naturerlebnis mit einer atemberaubenden Weitsicht auf den Wienerwald.

Wir starten am **Parkplatz Burg Liechtenstein.** An der linken Seite des Parkplatzes beginnt die nach einer österreichischen Schauspielerin benannte **Elfriede Ott-Promenade.** Diese bringt uns innerhalb von 5 Minuten zur **Burgwiese** und damit gleich zum ersten Highlight unserer Wanderung rund um den Kalenderberg: der

*Die Burg Liechtenstein kann das ganze Jahr über im Rahmen von **Führungen** besichtigt werden. Burgführer geben Einblick in ihre Geschichte sowie diejenige des Hauses Liechtenstein. Für Kinder werden sogar jeden Sonntag eigene Kinderführungen angeboten.*

Romantische Burg
Einmal um den Kalenderberg

Burg Liechtenstein ❶. Das imposante Bauwerk aus dem 12. Jahrhundert steht auf einem Felsrücken und zieht einen sofort in seinen Bann. Wir gehen einmal rund um die Burgwiese und bestaunen dabei das prächtige Gemäuer, das dank seiner exponierten Lage weithin in der Umgebung zu sehen ist. Dazu folgen

Amphitheater

Da der plateauartige **Kalenderberg** überwiegend aus trockenem und nährstoffarmem Kalkboden besteht, setzt sich der Baumbestand zum Großteil aus Schwarzföhren zusammen. Im Norden des Bergs, wo der Boden etwas fruchtbarer ist, findet sich auch Mischwald.

wir der Elfriede Ott-Promenade noch bis zur **Waldmeierei** ❷, in deren Gastgarten man ebenfalls einen schönen Blick auf die Burg hat, und biegen dann links auf den Weg ab. Wir treffen auf eine Straße, halten uns erneut links und gehen ganz nah an der Burg vorbei. Was uns diese Mauern wohl erzählen würden?

Wir umrunden nun das Bauwerk und nehmen dazu den auf der rechten Seite auftauchenden **Nestroyweg**, folgen diesem für 100 Meter, ehe wir rechts auf den **Kornhäuselweg** abbiegen. Würden wir auf dem Nestroyweg bleiben und dann links in die Johannesstraße biegen, kämen wir zum **Hotel-Restaurant Hotwagner** ❸, wo neben regionaler Hausmannskost auch saisonale Speisen auf der Karte stehen. Wir biegen aber wie gesagt auf den Kornhäuselweg ab, der an der Rückseite der Burg Liechtenstein entlangführt und uns in einen dichten Wald aus Laub- und Nadelbäumen bringt. Keine Sorge, noch müssen wir uns aber nicht von der Burg Liechtenstein verabschieden, am

Einmal um den Kalenderberg

Ende der Wanderung kommen wir noch einmal an ihr vorbei. Nach circa 5 Minuten macht der Kornhäuselweg eine Biegung nach rechts, wir folgen aber dem schmaleren Pfad geradeaus. Nun geht es immer noch durch den dichten Wald etwas bergab rund um den **Hirschkogel.** Begleitet werden wir vom Zwitschern zahlreicher Vögel sowie dem einen oder anderen Schmetterling.

Nach rund 600 Metern lichtet sich der Wald und es eröffnet sich uns ein wunderbarer Blick auf die **Festwiese.** Es laden mehrere Picknicktische zum Verweilen ein, auch einen großen Spielplatz findet man hier. Wir biegen links ab und dann gleich wieder rechts und folgen dem **Hartmuth-Weg** hinein in den Wald. Nach 10 Minuten treffen wir rechts auf den breiten **Amphitheaterweg.** Hier biegen wir ab und erreichen nach wenigen Minuten das nächste bauliche Highlight der Wanderung: das **Amphitheater** ❹. Hierbei handelt es sich um eine im Jahr 1810 als Aussichtswarte erbaute römische Ruine mit 16 Bögen und dorischen Säulen. Es enthält Stilelemente des römischen Kolosseums und

 Für die Seele

Wir wandern unter den Dächern großer Schwarzföhren, machen eine Reise in die Vergangenheit und genießen herrliche Aussichten auf den Wienerwald.

wurde mit Bruchsteinen aus der Umgebung erbaut. Mehrere schmale Pfade führen rund um die Ruine, sodass man sie von allen Seiten aus betrachten kann.

Nach dem Besuch des Amphitheaters kehren wir wieder auf den Amphitheaterweg und zum Hartmuth-Weg zurück. Hier biegen wir jetzt aber rechts ab und

Entschleunigungstour 13

wandern geradeaus. Nach 350 Metern geht der Hartmuth-Weg in den **Kobenzlweg** über. Wir folgen ihm und kommen linker Hand am **Jubiläumspark** vorbei. Dort befindet sich auch das **Mödlinger Kobenzl** ❺, das mit einer abwechslungsreichen Speisekarte zur Rast einlädt. Wir folgen aber weiter dem Weg, der nun kurz steil wird und uns über mehrere Stufen hinauf zu unserem nächsten Ziel führt: dem **Schwarzen Turm** ❻. Dieser wurde im Jahr 1809 auf den Fundamenten eines alten Wachhauses errichtet. Noch heute ist der markante dreistöckige Turm bewohnt.

Neben dem Schwarzen Turm führt ein steiler, mit vielen Wurzeln gesäumter Pfad hinauf zum **Felsenweg.** Wir nehmen diesen und werden mit einem schönen Blick auf den Schwarzen Turm sowie einer herrlichen Aussicht auf den Wienerwald belohnt. Von hier aus sehen wir auch den Aquädukt Mödling, ein histo-

Schwarzer Turm

Ruine Pfefferbüchsel

risches Bauwerk der I. Wiener Hochquellenwasserleitung aus dem Jahr 1872.

Nachdem wir die wunderschöne Aussicht genossen haben, setzen wir unsere Wanderung über den vor uns liegenden Felsenweg und den **Gamseckersteig** fort. Der schmale Weg führt vorbei an großen Felsen und über dicke Wurzeln. Immer wieder halten wir kurz an, um die Aussicht auf den dichten Wienerwald zu genießen. Wir gehen 10 Minuten geradeaus, ehe wir nach rechts abbiegen. Nach 100 Metern nehmen wir an der Kreuzung den linken Weg und folgen diesem für weitere 200 Meter. Wir kommen abermals an eine Kreuzung und biegen nun rechts ab. Wir nehmen den Weg, der zuerst geradeaus und dann nach links führt. Nach wenigen Metern stehen wir vor der nächsten Ruine, dem **Pfefferbüchsel ❼**. Anders als beim Amphitheater handelt es sich hier um eine echte Ruine. Im Jahr 1818 ließ Fürst Liechtenstein an dieser Stelle die sogenannte Johannes- oder Pilgerkapelle errichten. Da ihr Dach eine gewisse Ähnlichkeit

Entschleunigungstour 13

Durch den Föhrenwald

mit Gewürzdosen aufwies, wurde sie im Volksmund „Pfefferbüchsel" genannt. Im Jahr 1848 wurde die Kapelle während der Revolution zerstört und nicht wieder aufgebaut. Die Grundmauern des ehemaligen Gotteshauses können heute von allen Seiten betrachtet und erkundet werden.

Wir setzen unsere Wanderung fort und biegen gleich hinter der Ruine links auf den **Pfefferbüchselweg** ab. Diesem folgen wir nun für 1,2 Kilometer. Schon nach etwas mehr als 300 Metern erreichen wir einen **Aussichtspunkt** ❽ mit mehreren Bänken, die zu einer kurzen Rast einladen. Leider sind die Bäume an dieser Stelle jedoch bereits so hoch, dass sie die Aussicht versperren. Angenehm zu sitzen ist es hier am Rand des Kalenderbergs aber trotzdem. Wir nehmen Platz, schließen die Augen und lauschen den Geräuschen des Waldes. Selbst an schönen Sommertagen begegnet man auf dem Kalenderberg aufgrund der Weit-

Aussichtsplatz

Entschleunigungstour 13

*Die **Burg Liechtenstein** ist der Stammsitz des Hauses Liechtenstein, der Begründer des Fürstentums Liechtenstein. Nachdem die Burg bei der Zweiten Wiener Türkenbelagerung großteils zerstört wurde, wurde sie 1808 im Stil der Neoromantik restauriert.*

läufigkeit des Gebiets nicht allzu vielen anderen Wanderern und kann die Ruhe der Natur genießen. Nach einer kurzen Rast führt uns der Pfefferbüchselweg an der großzügigen **Turnerwiese** (idealer Ort für ein Picknick) vorbei und in mehreren Serpentinen hinunter zur Kreuzung **Mannlichergasse/Schlossweg.** Wir entscheiden uns für den Schlossweg und biegen nach 5 Minuten links auf **Am Hausberg** ab. Die Straße bringt uns nun zurück zu unserem Ausgangspunkt. Wir beenden die Wanderung aber nicht, ohne uns von der imposanten Burg Liechtenstein zu verabschieden. Dazu werfen wir einen Blick zurück und bestaunen noch einmal das beeindruckende Bauwerk, wie es auf seinem Felsen thront.

Alles auf einen Blick

WIE & WANN:
Forst- und Waldwege; ganzjährig begehbar

HIN & WEG:
Auto: Parkplatz Burg Liechtenstein, Am Hausberg, 2344 Maria Enzersdorf (GPS: 48.091054, 16.265323)
ÖPNV: Regionalexpress 1 (Richtung Payerbach-Reichenau) bis Mödling, dann Bus 262 (Richtung Gießhübl) bis Haltestelle Maria Enzersdorf Siedlungsstraße, von dort circa 3 Minuten Fußweg zum Ausgangspunkt über Johannesstraße und Am Hausberg

ESSEN & ENTSPANNEN:
Waldmeierei Liechtenstein ❷ Am Hausberg 1, 2344 Maria Enzersdorf, Tel. +43 (22 36) 38 99 60, www.waldmeierei.at
Hotel-Restaurant Hotwagner ❸ Johannesstraße 94, 2344 Maria Enzersdorf, Tel. +43 (22 36) 2 24 03, www.hotwagner.at
Mödlinger Kobenzl ❺ Jubiläumspark 2, 2340 Mödling, Tel. +43 (6 60) 1 43 14 53, www.moedlingerkobenzl.at

ENTDECKEN & ERLEBEN:
Burg Liechtenstein ❶ Am Hausberg 2, 2344 Maria Enzersdorf, Tel. +43 (6 50) 6 80 39 01, www.burgliechtenstein.eu

Entspannung ✸✸✸✸✸
Genuss ✸✸✸✸✸
Romantik ✸✸✸✸✸

Amphitheater ❹
Schwarzer Turm ❻
Pfefferbüchsel ❼
Aussichtspunkt ❽

- 6,4 Kilometer
- 118 Höhenmeter
- 2 Stunden
- Rundweg

Lindenallee

Entschleunigungstour 14

Eine Wüste in Niederösterreich? Der Name des östlichsten Naturparks in Niederösterreich – „Die Wüste Mannersdorf" – lässt einen an kahle und unbewohnte Landschaften denken. Doch Dünen und Oasen sucht man hier vergeblich. Dichte Wälder wechseln sich mit saftig grünen Wiesen ab. Auf dieser Rundwanderung durch den Naturpark erfährt man nicht nur, woher er seinen Namen hat, sondern entdeckt auch ein Kloster, eine Burgruine und vieles mehr.

Wir starten beim **Gasthof Arbachmühle** ❶ in Mannersdorf im Leithagebirge. Dieser ist nicht nur der ideale Ausgangspunkt für die Wanderung, sondern bietet sich auch danach für eine kulinarische Stärkung an. Wir wandern vom Parkplatz circa 60 Meter in Richtung Norden und biegen nach dem Spielplatz des Gasthauses rechts ab. Nun gehen wir geradeaus und passieren auf der linken Seite zwei weitere Parkplätze. Nach 5 Minuten erreichen wir den Eingang des Naturparks. Eine Übersichtskarte gibt Aufschluss über das Areal sowie die Geschichte der 1983 gegründeten Grünfläche, die sich auf dem Boden des ehemaligen

*Das **Leithagebirge** zwischen Niederösterreich und Burgenland ist ein 35 Kilometer und 5 bis 7 Kilometer breiter Höhenrücken. Auf dem Gebirgsrücken finden sich dichte Eichen- und Buchenwälder, an den Südosthängen bestimmen Weingärten das Landschaftsbild.*

Durch die Wüste
Malerische Tour in Mannersdorf

Klosters St. Anna in der Wüste befindet. Noch heute umschließt die 4,5 Kilometer lange Klostermauer den Naturpark. Wir folgen dem Weg, der an beiden Seiten von großen Laubbäumen gesäumt ist, geradeaus. Nach etwa 170 Metern erreichen wir die **Waldkapelle** ❷, die sich am Ende der Klostermauer befindet. Die kleine

Entschleunigungstour 14

Kapelle wurde 1725 erstmals in der Klosterchronik erwähnt und war der heiligen Anna, der Schutzpatronin des Klosters, gewidmet.

Wir gehen geradeaus weiter. Nach etwa 40 Metern teilt sich der Weg vor uns. Wir entscheiden uns für den rechten Weg, der an der Klostermauer entlangführt, und sehen schon bald die **Leopoldskapelle** ❸ vor uns auftauchen. Gemeinsam mit dem Eingangstor und dem Pförtnerhäuschen bildete die Kapelle den Eingang zum Klostergebiet. Heute dient sie als Informationszentrum und gibt Einblick in die Geschichte des aufgelassenen Klosters sowie den Naturpark. Hier erfährt man auch, was es mit dem Namen des Naturparks auf sich hat: Es handelt sich um eine ungenaue Übersetzung des griechischen Wortes *eremos*, das sowohl Wüste als auch Einöde oder Einsiedelei bedeutet. Im Volksmund setzte sich die Übersetzung „Wüste" durch.

Wir gehen durch das Eingangstor und folgen dem Weg weiter geradeaus. Nach 350 Metern biegen wir rechts ab. Eine kleine Brücke führt uns über den Arbach, der durch den Naturpark fließt. Gleich danach befinden wir uns in der Lindenallee. Die von großen und kleinen Linden sowie weiteren Laubbäumen gesäumte Allee führt über eine weite Wiese, an beiden Seiten finden sich mehrere Bänke, die zur Rast einladen. Die bunten Herbstblätter zieren den Weg der Allee, an deren Ende das **Kloster St. Anna** ❹ auf uns wartet. Das 1644 gegründete Kloster wurde vom Orden der Unbeschuhten Karmeliter bis zu den Klosteraufhebungen durch Josef II. im Jahr 1783 geführt. Zudem befanden sich

*Das **Kloster** und die Leopoldskapelle dienen heute immer wieder als Orte für Veranstaltungen. Im Frühling und Herbst hat man im Klosterladen zudem die Möglichkeit, Kaffee, Kuchen und weitere heimische Produkte zu genießen (Öffnungszeiten beachten).*

Leopoldskapelle

Kloster St. Anna

im Wald verstreut sieben Einsiedeleien. Vor dem Kloster gibt es einen großen Kinderspielplatz, einen kleinen Irrgarten sowie mehrere Picknicktische. Ein idealer Ort, um mit Blick auf die umliegenden Wälder sowie das prächtige Bauwerk eine kurze Rast einzulegen.

✿ Für die Seele

Die Tour führt uns auf das Gelände eines ehemaligen Klosters. Dabei entdecken wir eine verwilderte Ruine und tanken Kraft in mystischen Laubwäldern.

Danach gehen wir links am Kloster vorbei in Richtung Wald. Nach 100 Metern halten wir uns abermals links und folgen dem Waldweg, der das Kloster umrundet. Nach ein paar Minuten stoßen wir auf einen breiten Forstweg, auf den wir rechts abbiegen. Dieser führt leicht bergauf durch einen idyllischen Eichen-

Entschleunigungstour 14

Hainbuchen-Wald. Unter dem dichten Blätterdach sind die einzigen Geräusche, die man hört, seine eigenen sowie die der Waldbewohner. Wir folgen dem Weg für 15 Minuten geradeaus, ehe wir auf eine Kreuzung treffen. Hier biegen wir links ab und orientieren uns an dem Schild in Richtung „Ruine Scharfeneck", um auf den 347 Meter hohen Schlossberg zu gelangen. Wir wandern nun entlang der ehemaligen Klostermauer und tauchen noch tiefer in den Wald ein. Eine mystische Stimmung macht sich breit, ist die Mauer doch über 300 Jahre alt und hätte sicher so einiges über die Menschen, die bereits an ihr entlanggegangen sind, zu erzählen. Aber es wird gleich noch mystischer! Nach rund 5 Minuten erreichen wir nämlich die **Burgruine Scharfeneck ❺.** Diese wurde von der Natur bereits komplett in Beschlag genommen und zeigt sich erst auf den zweiten Blick. Ihre dicken Mauern ragen im Wald in die Höhe und lassen uns vor Ehrfurcht er-

Burgruine Scharfeneck

Malerische Tour in Mannersdorf

Rastplatz im Wald

starren. Neben den Mauern sind auch noch das Burgtor sowie Reste von Türmen, eines Saales, einer Küche und von Kasematten zu sehen. Die Burgruine selbst darf nicht betreten werden, kann aber auf einem schmalen, unbefestigten Pfad umrundet werden.

Nachdem wir das Gemäuer eingehend betrachtet haben, kehren wir auf demselben Weg, der uns zur Burg geführt hat, wieder zurück zur Kreuzung. Hier biegen wir links ab und folgen dem Weg ein Stück geradeaus. Danach gehen wir links in die **Forststraße.** Wir wandern nun geradeaus und werden vom Plätschern des Arbachs begleitet. Hier und da nehmen wir auch ein Rascheln im Wald sowie das Zwitschern der Vögel wahr. Am Wegesrand finden sich hübsche, bunte Blumen. Auch ein Blick in den Himmel lohnt sich. Mit etwas Glück kann man nämlich die im Naturpark lebenden Turmfalken entdecken.

Nach rund 1 Kilometer halten wir uns rechts und folgen weiter der Forststraße. Auf unserer linken Seite lichtet sich der Wald und macht einer großen Wiese

Das genaue Entstehungsdatum der **Burg Scharfeneck** *ist schwer zu beziffern. Es wird aber vermutet, dass sie bereits um das Jahr 1000 erbaut wurde. Sie diente als Grenzburg von Ungarn und bietet einen Blick vom Wiener Leopoldsberg bis ins östliche Vorland.*

Entschleunigungstour 14

Platz. Wir werfen noch einmal einen Blick über unsere linke Schulter auf den Schlossberg, die Burg kann man aufgrund der hohen Bäume nur erahnen, und folgen dem Weg dann weiter geradeaus. Da wir gern ein zweites Mal das Kloster betrachten und durch die Lindenallee gehen wollen, biegen wir nach 500 Metern links ab und folgen dem Schild mit der Aufschrift „Kloster St. Anna". Bereits nach 140 Metern stehen wir abermals vor dem historischen Bauwerk. Wer das nicht möchte, folgt einfach weiter geradeaus der Forststraße. Durch die Lindenallee, vorbei an der Leopolds- und der Waldkapelle, gelangen wir dann nach 20 Minuten wieder an den Ausgangspunkt dieser Wanderung durch den Naturpark Mannersdorf.

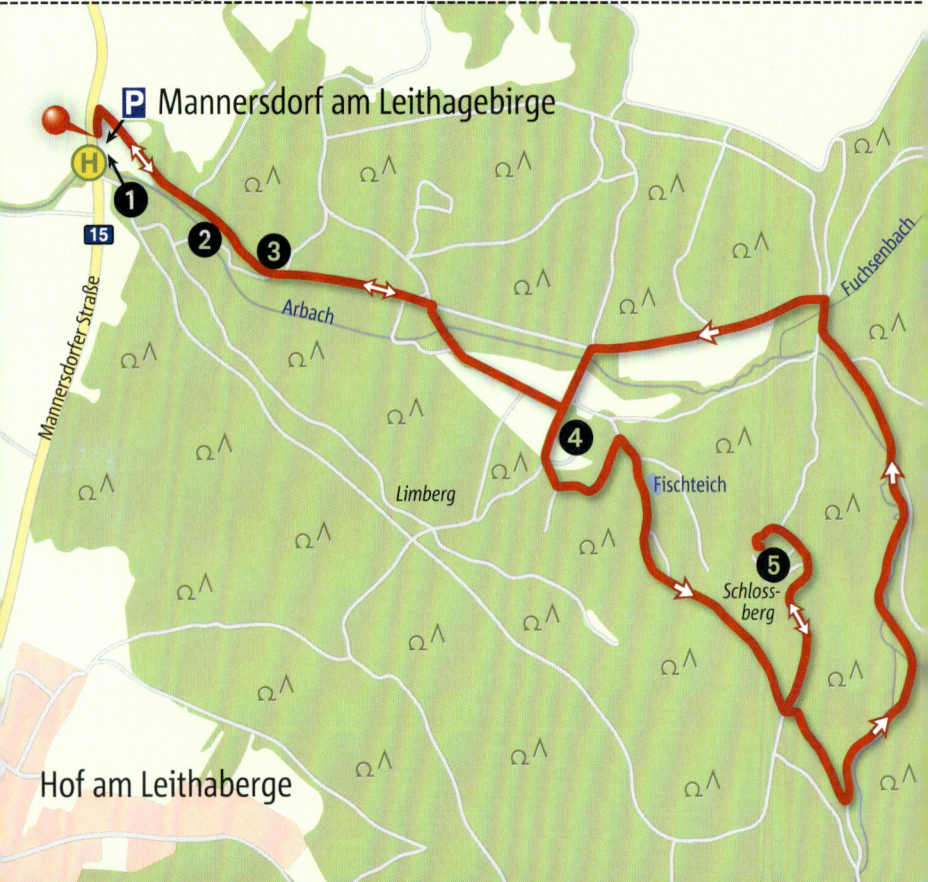

Alles auf einen Blick

WIE & WANN:
Straße, Forst- und Waldwege; ganzjährig begehbar

HIN & WEG:
Auto: Parkplatz beim Gasthof Arbachmühle, 2452 Mannersdorf am Leithagebirge (GPS: 47.958669, 16.587076)
ÖPNV: Schnellbahn S60 (Richtung Bruck/Leitha Bahnhof) bis Götzendorf/Leitha Bahnhof, dann Bus 247 (Richtung Seibersdorf/Leitha Volksschule) bis Haltestelle Mannersdorf am Leithagebirge Arbachmühle, von dort ca. 1 Minute Fußweg über Mannersdorfer Straße

ESSEN & ENTSPANNEN:
Gasthof Arbachmühle ❶ Arbachmühle 1, 2452 Mannersdorf am Leithagebirge, Tel. +43 (21 68) 6 23 00, www.arbachmuehle.at

ENTDECKEN & ERLEBEN:
Waldkapelle ❷
Leopoldskapelle ❸
Kloster St. Anna ❹
Burgruine Scharfeneck ❺

Entspannung ✹✹✹✹✹
Genuss ✹✹✹✹✹
Romantik ✹✹✹✹✹

- 10,8 Kilometer
- 129 Höhenmeter
- 3 Stunden
- Rundweg

Skulptur am Rosenberg

Entschleunigungstour 15

Diese Wanderung, die uns gleich zu drei unterschiedlichen Ausflugszielen Wiens führt, nimmt ihren Anfang beim südlichen Eingang zum Kurpark Oberlaa in der **Kurbadstraße.** Wir betreten den rund 610.000 Quadratmeter großen Park und sehen vor uns den **Kurteich.** Wir gehen links am Teich entlang leicht bergauf und richten uns nach den Wegweisern in Richtung Tiergehege. Nach 130 Metern halten wir uns links und folgen dem Weg geradeaus. Auf unserer rechten Seite passieren wir eine große Liegewiese, auf der man bei schönem Wetter in der Sonne liegen, das Gras zwischen den Zehen spüren und dem Zwitschern der Vögel lauschen kann.

Nach 5 Minuten biegen wir links ab und gehen geradeaus weiter. 300 Meter später erreichen wir das **Tiergehege** ❶. Hier freuen sich Alpakas, Zwergziegen und Kärntner Brillenschafe über große und kleine Besucher. Wir biegen rechts auf den schmalen Weg ab und gehen an der eingezäunten Weide entlang. Nach 90 Metern halten wir uns wieder rechts und folgen dem Pfad, der uns zwischen zwei Seerosenteichen

*Der **Kurpark** wurde für die Wiener Internationale Gartenschau 1974 errichtet. Danach wurde das Areal in eine öffentliche Parkanlage umgewandelt. Heute ist der Park in diverse Bereiche gegliedert, um unterschiedliche Erholungsräume zu bieten.*

Bunt gemischt
Vom Kur- in den Vergnügungspark

hindurchführt. Dahinter biegen wir links ab. Links und rechts von uns blühen die Blumen in allen erdenklichen Farben. Schaut man genau hin, sieht man lauter Bienen, die den süßen Nektar sammeln. Wir folgen dem Weg für 250 Meter, ehe wir wieder rechts abbiegen.

Entschleunigungstour 15

Wir wandern entspannt geradeaus, passieren das **Ristorante Don Alfredo** ❷, das mit seiner italienischen Speisekarte zum kulinarischen Genuss einlädt, und kommen danach am großen **Schwanensee** ❸ vorbei. Das Ufer des Sees lädt zum gemütlichen Picknick ein, unter den prächtigen Bäumen hat man es auch im Sommer angenehm schattig und kühl.

Wir bleiben auf dem Weg, der eine Biegung nach rechts macht, und kommen zum beeindruckenden **Treppengarten** ❹. Über zahlreiche Stufen plätschert hier das Wasser, Sitzbänke laden mittendrin zum Verweilen ein. Wir steigen die Stufen hinauf und biegen dann rechts ab. Nach wenigen Metern halten wir uns links und dann gleich wieder rechts. Nach 30 Metern führt ein schmaler Weg links in den Wald hinein. Wir folgen ihm, halten uns an der nächsten Kreuzung links und kommen an einem kleinen, mit Schilf zugewachsenen Teich vorbei. Wir bleiben auf dem Pfad, gehen weiter geradeaus und nach 10 Minuten sehen wir den großen **Filmteich** vor uns. Wir jedoch behalten

Schwanensee

Vom Kur- in den Vergnügungspark

Treppengarten

unsere Richtung bei und folgen dem Weg, der leicht bergauf zur **Filmteichstraße** führt.

Wir machen uns nun auf zu unserem nächsten Ziel: dem Böhmischen Prater. Dazu wenden wir uns rechts auf die Filmteichstraße und folgen dieser für 180 Me-

Für die Seele

Auf dieser abwechslungsreichen Runde wandern wir durch einen bunten Kurpark, einen idyllischen Wald und einen nostalgischen Vergnügungspark.

ter. Danach biegen wir rechts auf den **Vollnhoferplatz** ab. Zwischen Feldern gehen wir nun 5 Minuten geradeaus, ehe wir links in die **Männertreugasse** abbiegen. Der schmale Weg führt uns zwischen Weingärten hindurch sowie an Kleingärten vorbei. Nach 650 Metern geht die Männertreugasse in die **Amarantgasse** über

Entschleunigungstour 15

Zum Werkelmann

und macht eine Biegung nach rechts. Wir folgen ihr weiter und biegen nach 150 Metern in die **Bleichsteinerstraße** ein. Nun gehen wir geradeaus, überqueren die **Bitterlichstraße** und halten uns dann geradeaus auf dem **Löwyweg**. Nach knapp 200 Metern wenden wir uns nach rechts und kommen kurz danach zu einem **Aussichtspunkt ❺.** Von hier aus haben wir einen famosen Blick auf Wien, vor allem die Hochhäuser stechen uns ins Auge. Wir befinden uns jetzt in der **Parkanlage Löwygrube.** Diese zählt gemeinsam mit dem Kurpark Oberlaa, dem Laaer Berg und dem Laaer Wald zum Großerholungsraum Laaerberg.

Ältestes Karussell Europas

Nachdem wir die Aussicht genossen haben, biegen wir links ab und passieren einen Fußball- sowie einen Spielplatz. Nach 5 Minuten

Vom Kur- in den Vergnügungspark

Maramureș-Tor

wenden wir uns nach rechts und folgen dem Weg, der uns aus der Parkanlage herausführt. Wir kommen an einem Parkplatz vorbei und biegen danach links auf **Laaer Wald** ab. Wir betreten nun den **Böhmischen Prater ❻**. Hier finden sich jede Menge Vergnügungsattraktionen für Groß und Klein. Es herrscht Nostalgiefeeling und man hat das Gefühl, als wäre die Zeit stehen geblieben. Einige der Attraktionen sind bereits an die 100 Jahre alt. Wir wandern geradeaus durch den Böhmischen Prater und kommen unter anderem am Riesenrad, dem ältesten Karussell Europas sowie dem Heurigen **Zum Werkelmann ❼** vorbei.

Am Ende der Fußgängerzone, die durch den Böhmischen Prater führt, biegen wir links ab und betreten durch ein Eingangstor das Erholungsgebiet **Laaer Wald**, das dritte Ausflugsziel dieser Tour. Wir folgen dem Weg und tauchen sofort in den dichten Wald ein. Nach knapp 170 Metern gehen wir links in einen breiten Forstweg. Nach 80 Metern treten wir durch das hölzerne **Maramureș-Tor ❽**. Dieses geschnitzte Portal wurde der Stadt Wien im Jahr 2006 von der rumäni-

*Der **Böhmische Prater** entstand in der zweiten Hälfte des 19. Jahrhunderts mit Eröffnung eines Ausflugsgasthauses am Laaer Berg. Die meisten Schausteller stammten aus den Kronländern Böhmen und Mähren und waren namensgebend für den Vergnügungspark.*

Filmteich

schen Region Maramuresch zum Geschenk gemacht. Wir schreiten durch das liebevoll verzierte Tor und bleiben auf dem Forstweg. Nach etwa 160 Metern biegen wir rechts ab und folgen dem Schild in Richtung Butterteich. Leicht bergab führt uns der Weg innerhalb von 5 Minuten zum **Butterteich** ❾, der sich in einer aufgelassenen Ziegelgrube befindet. Von einer Aussichtsplattform erfreuen wir uns an dem wunderbaren Blick auf den See. Rund um das Gewässer befindet sich ein Vogelschutzgebiet, das über 50 Vogelarten einen Lebensraum bietet.

Wir wandern den Weg zurück und folgen dann dem Schild in Richtung Laaer-Berg-Straße. Nach 130 Metern halten wir uns rechts und wandern geradeaus durch den idyllischen Laaer Wald. Nach 480 Metern biegen wir links auf die **Alte Laaer Straße** ab. Der Wald lichtet sich und macht nun Feldern Platz. Nach 600 Metern wenden wir uns nach links auf einen schmalen Weg, der uns entlang eines Feldes wieder zurück zur **Löwygrube** führt. Nach 5 Minuten biegen wir rechts auf den uns bereits bekannten

Vom Kur- in den Vergnügungspark

Löwyweg ab und wandern wieder über diesen, die **Bleichsteinerstraße,** die **Amarantgasse,** die **Männertreugasse** und den **Vollnhoferplatz** zum Kurpark Oberlaa. In der **Filmteichstraße** betreten wir erneut den **Kurpark Oberlaa.** Vor uns erstreckt sich der große **Filmteich ❿,** an dem wir nun entlangwandern. Nach 5 Minuten erreichen wir eine hübsche Aussichtsterrasse, von der man einen famosen Blick auf den See hat. Wir nehmen auf einer der Sitzbänke Platz, lauschen dem Quaken der Enten sowie dem Schilfrohr, das in der kühlen Brise leise raschelt.

Nach der kurzen Rast setzen wir unseren Weg geradeaus fort. Nach 80 Metern biegen wir leicht links ab und wandern an großen Laubbäumen vorbei. Nach 280 Metern wenden wir uns links auf den **Rosenhügel** und folgen der Straße, die am Rand des Kurparks entlangführt. Wir kommen wieder an zahlreichen Blumenbeeten, Bäumen und Sträuchern

Schilfteich

Entschleunigungstour 15

vorbei. Der Kurpark strahlt von Frühling bis Herbst in den buntesten Farben, wodurch allein er bereits einen Besuch wert ist.

Nach 750 Metern passieren wir den dicht bewachsenen **Schilfteich** ⓫ und lauschen kurz dem Gesang der Frösche sowie dem Zirpen der Grillen. Wir gehen ein Stück den Teich entlang, biegen dann aber links auf einen schmaleren Weg ab und folgen diesem. Unsere vielseitige Wanderung neigt sich nun dem Ende zu. Nach 5 Minuten erreichen wir wieder den Kurteich und das Eingangstor des Kurparks Oberlaa. Nun empfiehlt sich ein Besuch der **Kurkonditorei Oberlaa** ⓬, in der es eine Vielzahl an Kuchen und Mehlspeisen gibt. Die haben wir uns jetzt verdient!

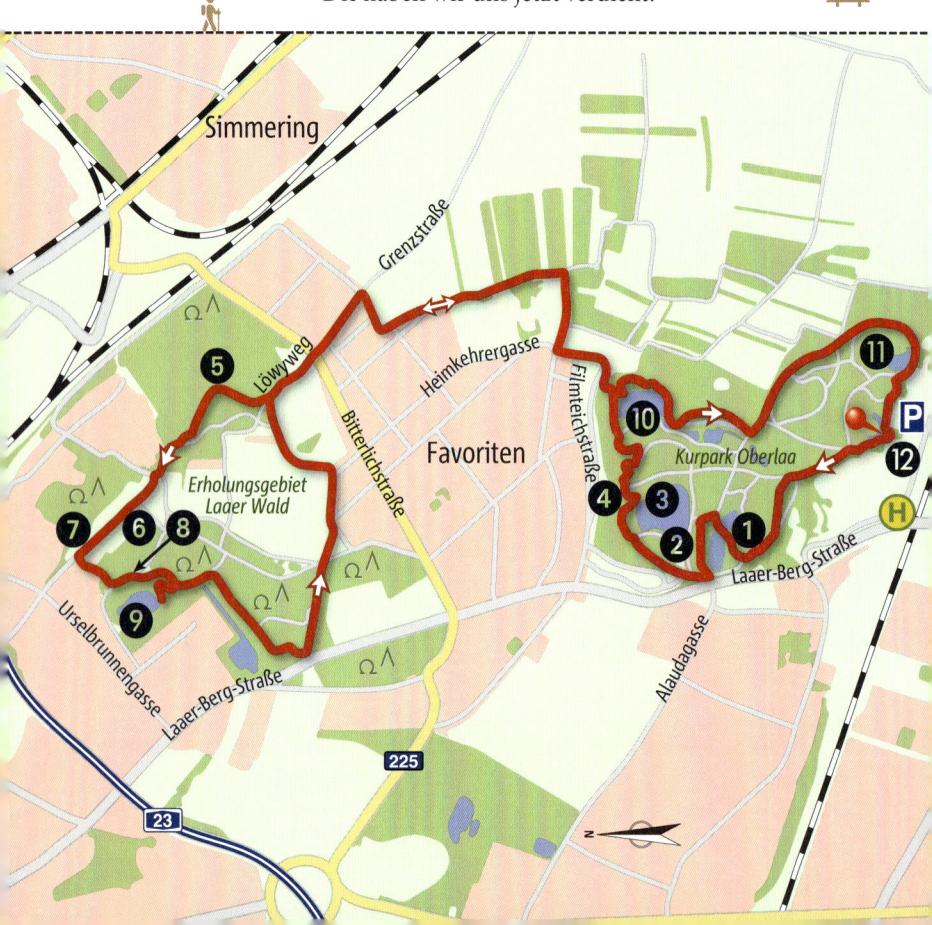

Alles auf einen Blick

WIE & WANN:
Straße und Forstwege; ganzjährig begehbar (Öffnungszeiten des Kurparks Oberlaa und Laaer Waldes beachten)

HIN & WEG:
Auto: Parkmöglichkeiten in der Kurbadstraße, 1100 Wien (GPS: 48.142054, 16.402189)
ÖPNV: U-Bahn U1 bis Station Oberlaa, von dort circa 5 Minuten Fußweg

ESSEN & ENTSPANNEN:
Ristorante Don Alfredo ❷ Filmteichstraße 1, 1100 Wien, Tel. +43 (1) 6 89 59 31, www.ristorantedonalfredo.at
Zum Werkelmann ❼ Laaer Wald 218, 1100 Wien, Tel. +43 (1) 6 88 71 06, www.zumwerkelmann.at
Kurkonditorei Oberlaa ⓬ Kurbadstraße 12, 1100 Wien, Tel. +41 (1) 6 89 25 89, www.oberlaa-wien.at/standorte/standort-am-kurpark

ENTDECKEN & ERLEBEN:
Tiergehege ❶
Schwanensee ❸
Treppengarten ❹
Aussichtspunkt ❺

Entspannung ✹✹✹✹✹
Genuss ✹✹✹✹✹
Romantik ✹✹✹✹✹

Böhmischer Prater ❻
Maramureș-Tor ❽
Butterteich ❾
Filmteich ❿
Schilfteich ⓫

Entschleunigungstour 16

Bei dieser Rundwanderung lernen wir den 403 Meter hohen Tempelberg nordwestlich von Klosterneuburg mit seinen geschichtsträchtigen Bauwerken kennen. Unsere Route beginnt direkt am **Bahnhof Greifenstein-Altenberg.**

Vom Bahnhof aus wandern wir für 5 Minuten die Hauptstraße in nordöstliche Richtung entlang und biegen dann rechts in die **Josef-Strauch-Gasse** ein. Diese führt uns zwischen Wohnhäusern leicht bergauf zum dichten Wald. Nach 450 Metern, die Josef-Strauch-Gasse macht eine Rechtskurve, folgen wir dem vor uns liegenden Weg in den Wald und gehen geradeaus. Das Rascheln der Blätter begleitet uns, während wir weiter leicht bergauf wandern und die frische Waldluft genießen. Nach 10 Minuten gelangen wir zu einer Kreuzung, an der uns ein Schild den Weg zu unserem ersten Ziel weist: der Tempelbergwarte. Wir folgen dem **Klotzbergsteig** nach links und wandern in kleinen Kehren den schmalen Weg hinauf auf den Tempelberg, einen der letzten Ausläufer der Alpen. An den beiden nächsten Kreuzungen halten wir uns jeweils rechts, an der

Geschichte pur
Auf Zeitreise am Tempelberg

dritten verrät uns ein Wegweiser, dass wir nur noch 6 Minuten zur Tempelbergwarte gehen. Wir biegen daher abermals rechts ab und folgen nun einer Forststraße, die zwar am Anfang noch breit ist, dann aber immer enger wird, bis wir uns auf einem schmalen, an beiden Seiten dicht bewachsenen Pfad befinden.

Entschleunigungstour 16

Die **Tempelbergwarte** ❶ erkennen wir aufgrund des üppigen Waldes erst, wenn wir uns schon in unmittelbarer Nähe befinden. Inmitten einer kleinen Lichtung thront die 14,3 Meter hohe Aussichtswarte, die im Jahr 1906 zu Ehren des 60-jährigen Regierungsjubiläums von Kaiser Franz Joseph I. errichtet wurde. Nach dem Zweiten Weltkrieg wurde die baufällige Warte renoviert und 1956 wiedereröffnet. Seither ist sie ein beliebtes Ausflugsziel und bietet bei schönem Wetter eine herrliche Aussicht vom Weinviertel über das Tullnerfeld bis zum Ötscherland. Leider war die Warte bei unserem Besuch aufgrund von Renovierungsarbeiten gesperrt. Der Abstecher zum Bauwerk hat sich aber dennoch gelohnt, auch weil sich zu Füßen der Tempelbergwarte ein Picknicktisch befindet, an dem man Mitgebrachtes verspeisen und die Warte betrachten kann.

Wir setzen unsere Runde fort und kehren auf demselben Weg wieder zurück zur Kreuzung mit dem Schild, das uns zur Tempelbergwarte geführt hat. Dort orientieren wir uns an dem Schild in Richtung „Hadersfeld/Glockenturm". Am Ende der Forststraße

*Der leicht zu erwandernde Tempelberg kann über zahlreiche weitere **Wanderwege** erreicht werden. Neben dem hier erwähnten in Greifenstein gibt es unter anderem auch Ausgangspunkte in Wördern, Altenberg, Höflein an der Donau oder Kritzendorf.*

Durch den Wald

Aussicht auf Hadersfeld und Umgebung

biegen wir links auf die **Schloßgasse** ab, spazieren am Schloss Hadersfeld vorbei und folgen der Gasse für 5 Minuten. An der vor uns liegenden Kreuzung wenden wir uns wiederum links in die **Hauptstraße,** passieren das Gebäude der **Freiwilligen Feuerwehr Hadersfeld** und halten uns dann rechts. Nun folgen wir dem

❀ Für die Seele

Unsere Tour führt uns rund um den Tempelberg und zu Bauwerken mit bewegender Geschichte. Im Grün des Waldes lassen wir den Alltag hinter uns.

schmalen Weg geradeaus, der uns leicht bergauf an einer großen Wiese vorbeiführt und zu einem **Aussichtspunkt ❷** bringt. Leider ist das Gras jedoch so hoch gewachsen, dass wir bei unserem Halt den vor uns liegenden Ort Hadersfeld nicht sehen, dafür aber den nördlichen Wienerwald.

Obelisk

Auf Zeitreise am Tempelberg

Wir folgen dem Weg weiter und gelangen nach wenigen Metern auf eine große Lichtung, in deren Mitte unser nächstes Highlight auf uns wartet: der **Obelisk ❸.** Dieser befindet sich auf einer künstlichen Grotte aus Bruchsteinen. Die Stelle, an der der Obelisk steht, hat eine geschichtsträchtige Vergangenheit. So soll sich hier zur Römerzeit ein römischer Wachturm befunden haben, während der Türkenbelagerungen brannten an dieser Stelle Warnfeuer. Zudem war dieser Ort die Grenzbezeichnung des Bistums Passau. Die Wiese, auf der der Obelisk steht, ist außerdem der letzte Bestand eines Naturparks, den Johann Joseph Fürst von Liechtenstein um 1800 um das Jagdschloss Hadersfeld errichten ließ. 1954 wurden der Obelisk sowie die Wiese von der Gemeinde Hadersfeld erworben und der Bevölkerung zur Ruhe und Erholung gewidmet. Und diese findet man an diesem wunderbaren Ort! Ein Picknicktisch und Bänke laden zum Ausruhen ein oder man legt sich einfach in die saftig grüne Wiese. Auch Familien wird es hier gefallen, da es eine Schaukel für die Kleinen gibt.

Auch mit Baby schaffbar

Nach einer kurzen Rast wandern wir links am Obelisken vorbei und tauchen wieder in den Wald ein. Wir folgen dem Weg für 5 Minuten geradeaus, bevor wir links abbiegen und uns an dem Schild mit der Aufschrift „Burg Greifenstein" orientieren. Hier zeigt sich die Natur von ihrer schönsten Seite! Große Laubbäume wechseln sich mit saftigen Wiesen und Sträuchern ab und alles leuchtet in kräftigem Grün. Nach weiteren 5 Minuten treffen wir auf den **Burgweg,** dem wir geradeaus folgen. Der Weg wird nun etwas steiler, wir gehen über große Wurzeln hinunter in Richtung Burg Greifenstein. Festes Schuhwerk macht sich hier bezahlt! Der Weg verläuft in einem kleinen Graben, rechts und links von uns türmen sich mächtige Bäume. Während wir gemütlich durch den Wald wandern, hören wir einen Specht, der in unmittelbarer Nähe seiner Arbeit nachgeht. Der Wind lässt die Blät-

Entschleunigungstour 16

Hochsitz im Wald

ter rascheln. Wer bis hierher den Alltag noch nicht hinter sich gelassen hat, wird es definitiv jetzt tun! Und wenn auch nur, weil der Weg aufgrund der Wurzeln, die einen leicht ins Stolpern bringen, höchste Konzentration erfordert und man daher gar keine Zeit für andere Gedanken hat.

Wir bleiben auf dem Burgweg, als dieser eine Biegung nach links macht, und stehen nach rund 20 Minuten vor der beeindruckenden **Burg Greifenstein** ❹. Die Höhenburg thront auf einem Felsen am südlichen Steilufer der Donau und wurde im 11. Jahrhundert errichtet. Gemeinsam mit der ihr gegenüberliegenden Burg Kreuzenstein diente sie als wichtiger Beobachtungsort im Verteidigungssystem der Donaulinie. Johann Joseph Fürst von Liechtenstein erwarb die Burg im Jahr 1807 und baute sie aus. Seit 2017 befindet sie sich im Besitz eines Wiener Unternehmers, der sie revitalisiert. Danach soll sie wieder der Öffentlichkeit zugänglich gemacht werden. Aus diesem Grund konnten wir die Burg bei unserer Wanderung leider nicht besichtigen. Aber allein der Blick von außen regt die Gedanken, was diese alten Mauern wohl schon alles miterlebt haben, an.

Burg Greifenstein

Entschleunigungstour 16

*Im Sommer ist der ruhige **Donau-Altarm** mit Badebuchten und Liegewiesen in Greifenstein ein beliebtes Erholungsgebiet, das zum Baden einlädt. Bei einer Fahrt mit dem Tretboot hat man außerdem einen schönen Blick auf die Burg Greifenstein.*

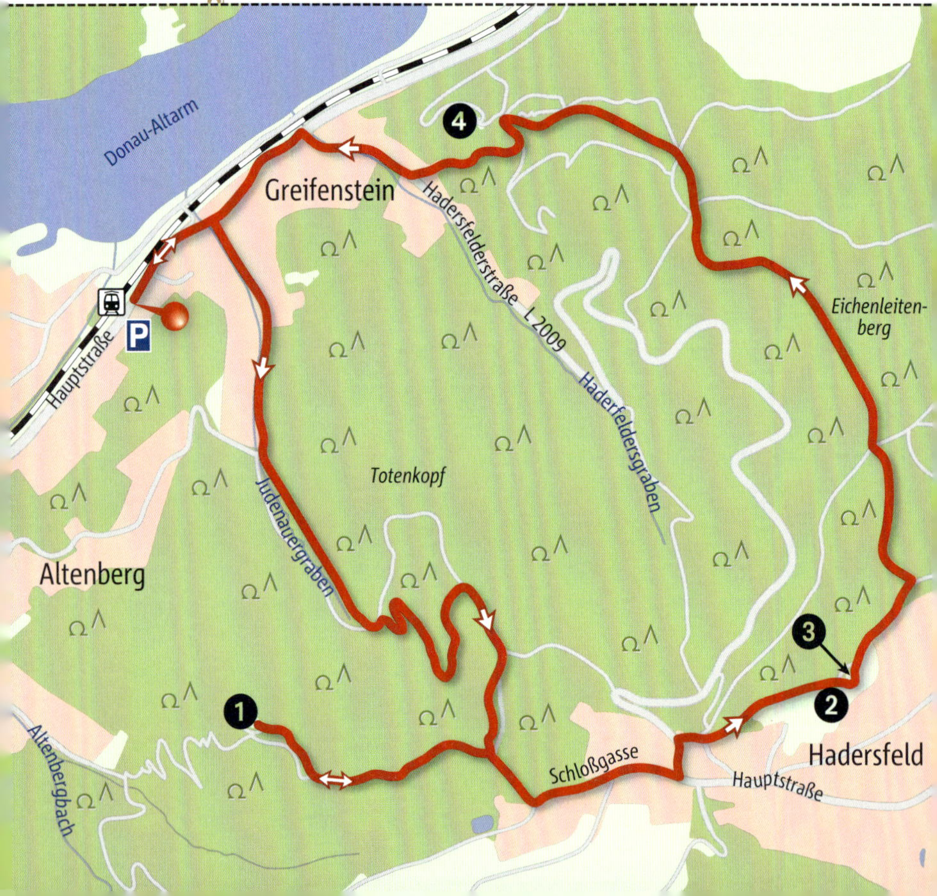

Nur schwer können wir uns von diesem Anblick losreißen. Nichtsdestotrotz nehmen wir den Weg, der uns wieder in den Wald führt, ehe wir nach rund 160 Metern auf die **Klostersitzgasse** treffen. Dieser folgen wir geradeaus. Nach 5 Minuten kommen wir auf die **Hadersfelderstraße,** wo wir uns rechts halten. Steil geht es nun hinunter zur **Hauptstraße,** auf die wir links abbiegen. Wir lassen den geschichtsträchtigen Tempelberg mit seiner Warte, dem Obelisken und der Burg Greifenstein hinter uns und lassen uns von der Hauptstraße wieder in die Gegenwart zurückbringen. Nach circa 500 Metern erreichen wir den Ausgangspunkt unserer Wanderung, den Bahnhof Greifenstein-Altenberg.

Alles auf einen Blick

WIE & WANN:
Straße, Forst- und Waldwege; ganzjährig begehbar; festes Schuhwerk empfohlen

HIN & WEG:
Auto: Parkplatz gegenüber vom Bahnhof Greifenstein-Altenberg
(GPS: 48.344531, 16.239809)
ÖPNV: Schnellbahn S40 (Richtung Tulln/St. Pölten) bis Bahnhof Greifenstein-Altenberg

ESSEN & ENTSPANNEN:
Keine Einkehrmöglichkeit entlang der Route, bitte an Rucksackverpflegung denken.

Abseits der Route empfehlenswert:
Alte Hafenschenke, Am alten Hafen 1, 3422 St. Andrä-Wördern, Tel. +43 (22 42) 3 38 37

ENTDECKEN & ERLEBEN:
Tempelbergwarte ❶ 3422 Altenberg, Tel. +43 (22 42) 31 30 00
Aussichtspunkt ❷
Obelisk ❸
Burg Greifenstein ❹ Hauptstraße 11, 3422 St. Andrä-Wördern, www.burg-greifenstein.at

Entspannung ✶✶✶✶✶
Genuss ✶✶✶✶✶
Romantik ✶✶✶✶✶

Wienerbergteich

- 11 Kilometer
- 55 Höhenmeter
- 3 Stunden
- Strecke

Erfrischungstour 17

Diese Streckenwanderung führt uns vom 23. Bezirk in den 10. Bezirk – von Liesing entlang des Liesingbachs auf den Wienerberg. Wir starten bei der Straßenbahnhaltestelle Breitenfurter Straße. Von dort gehen wir ein kurzes Stück zurück Richtung Norden zur **Breitenfurter Straße.** Nach 70 Metern biegen wir rechts auf die **Paul-Katzberger-Gasse** ab. Diese bringt uns direkt zur Liesing, einem 30 Kilometer langen Fluss, der im Wienerwald entspringt und in die Schwechat in Niederösterreich mündet. Am Ende der Gasse biegen wir links ab und folgen dem Weg entlang des Bachs. Hier treffen wir nicht nur auf viele Spaziergänger, sondern auch Radfahrer. Dank des breiten Weges ist aber für alle genügend Platz.

Nach knapp 500 Metern wechseln wir die Uferseite und überqueren den Bach über den **Äquaduktsteg.** Danach biegen wir links auf die **Lehmanngasse** ab und folgen dem Fluss. Wir passieren den **Herbert-Mayr-Park.** Dann halten wir uns auf der Lehmanngasse, überqueren die **Perchtoldsdorfer Straße** und spazieren geradeaus auf den **Liesinger Platz.** Wir erreichen den **Bahnhof Liesing,** gehen am Ende des Platzes links und folgen der Unterführung, die unter den Bahngleisen hindurchführt. Wir befinden uns nun in der **Fröhlichgasse** und wandern wieder an der Liesing entlang. Für 370 Meter halten wir uns nun geradeaus und haben dabei einen erfreulichen Blick auf das Flussbett. An beiden Seiten des Bachs finden sich Wiesen, Büsche und Bäume, Vögel zwitschern ihre fröhlichen Lieder.

*Der **Liesingbach** wird seit einigen Jahren Schritt für Schritt renaturiert. Dadurch entstehen neue Lebensräume für Tiere und Pflanzen, aber auch Rückzugs- und Erholungsorte für die Wiener Bevölkerung. Erste Ergebnisse sind bereits zu sehen.*

Frisches Duo
Von Liesing auf den Wienerberg

Erfrischungstour 17

Danach biegen wir leicht rechts in die **Parkanlage Fröhlichgasse** ab. Wir spazieren durch den Park und folgen dann der **Gaulgasse** geradeaus weiter. Diese bringt uns zum hier beginnenden **Liesingbachbegleitweg,** der bis nach Schwechat geht. Wir passieren die **Parkanlage Gaulgasse** und den **Dr.-Rudolf-Hatschek-Park,** an dem die Liesing wieder für kurze Zeit im Untergrund verschwindet. Wir gehen geradeaus weiter, überqueren dann rechts die **Brunner Straße** und biegen gleich danach links ab, um die **Erlaaer Straße** zu kreuzen. Wir gehen geradeaus die **Brunner Straße** entlang und betreten nach 150 Metern die **Parkanlage Riegermühle** ❶. Wer Lust auf eine kurze Pause hat, der kann sie hier machen! Mehrere Sitzgelegenheiten oder die Wiese laden zum Verweilen ein. Für Kinder gibt es zudem einen Spielplatz zum Toben.

Wir wandern nun am rechten Ufer des Liesingbachs entlang und sehen nach knapp 800 Metern die Wohnblöcke des **Wohnparks Alt Erlaa** ❷ vor uns. Hierbei handelt es sich um eine der größten Wohnanlagen

Wohnpark Alt Erlaa

Von Liesing auf den Wienerberg

Liesing

Österreichs. Die drei Wohnblöcke bilden mit ihrer eigenen Infrastruktur wie Kindergarten, Supermärkten und mehr eine Stadt in der Stadt. Umgeben werden sie vom Harry-Glück-Park. Wir wandern am Rand des Parks entlang und nähern uns den imposanten Wohntürmen. Wir passieren den Wohnpark Alt Erlaa, halten uns weiter geradeaus und unterqueren die **Altmannsdorfer Straße.** Nun kommen wir rechter Hand am Kleingartenverein Hofallee, der am Steinsee liegt, vorbei. Diesen sehen wir aber nur hin und wieder durch Gartenzäune hindurchblitzen. Nach knapp 650 Metern treffen wir auf die **Gutheil-Schoder-Gasse,** überqueren diese und kurz danach ebenfalls die **Anton-Baumgartner-Straße,** um wieder auf den Liesing-

Für die Seele

Wir wandern entlang des Liesingbachs bis auf den Wienerberg. Dabei kommen wir an Parks, Hochhäusern, mehreren Teichen und vielen Ruheoasen vorbei.

Wienerbergteich

bachbegleitweg am rechten Ufer der Liesing zu gelangen. Der Weg führt uns nun entlang einer Wiese an großen Laubbäumen vorbei. Den Bach hören wir mal lauter, mal leiser plätschern. Präsent ist er aber immer. Nach rund 900 Metern erreichen wir den **Draschepark,** die Bäume werden dichter und verwandeln sich langsam in einen Wald. Hier finden sich Grillplätze, Spielplätze sowie eine BMX-Bahn, die den Park zu einem beliebten Treffpunkt im 23. Bezirk machen.

Wir wandern weiter geradeaus, unterqueren die Südosttangente und biegen kurz danach links auf die **Pfarrgasse** ab. Wir verabschieden uns nun vom Liesingbach und machen uns auf zu unserem nächsten Ziel: dem Wienerberg. Dazu gehen wir für 400 Meter geradeaus und wenden uns dann am Ende des Otto-Probst-Platzes rechts auf die **Otto-Probst-Straße.** Der Straße folgen wir nun für 430 Meter, danach stehen wir direkt vor den Toren des Erholungsgebietes Wienerberg. Wer einen kulinarischen Zwischenstopp einlegen will, der biegt hier am besten links auf den **Friedrich-Adler-Weg** ab und kehrt im **Das Chadim** ❸ ein, wo regionale Schmankerl die Speisekarte zieren. Wir aber setzen unsere Wanderung in gerader Richtung fort und tauchen ins Naturerlebnis ein.

*Das **Erholungsgebiet Wienerberg** wurde in den 80er-Jahren geschaffen und ist ein wichtiges Landschaftsschutzgebiet. Hier leben seltene Tiere wie der Große Feuerfalter und die Europäische Sumpfschildkröte. Zudem nisten rund um den Wienerbergteich viele Singvögel.*

Von Liesing auf den Wienerberg

Nach 170 Metern biegen wir links ab und sehen zwischen den Sträuchern schon den großen **Wienerbergteich** ❹ schimmern. Der 12 Hektar große See, der im Sonnenschein blau glitzert, ist im Sommer ein beliebter Naturbadeplatz. Rund um das Gewässer finden sich Buchten und Wiesen, die zum Sonnenbaden und Picknicken einladen. Wir folgen nun dem Forstweg, der links und rechts dicht von Bäumen, Sträuchern und Blumen bewachsen ist. Vor allem im Herbst zeigt die Natur hier ihre ganze Farbpalette. Immer wieder erhaschen wir einen Blick auf den malerischen Teich. Begleitet werden wir vom Gesang zahlreicher Vögel und dem Summen der Insekten.

Nach 550 Metern halten wir uns rechts, um weiter dem Weg entlang des Teiches zu folgen. Es geht nun etwas bergauf. Nach 400 Metern biegen wir rechts ab und folgen dem Forstweg leicht bergab. Von hier aus können wir uns am wunderbaren Ausblick auf den Wienerbergteich erfreuen. Am Ende des Weges, nach knapp 10 Minuten, erreichen wir eine große **Picknickwiese** ❺, die zur Pause einlädt. Wir nehmen Platz und

Farbenpracht am Wienerberg

Erfrischungstour 17

> Der **Wienerberg** verfügt nicht nur über zahlreiche Picknickwiesen und Ruheoasen, sondern auch über ein gut ausgebautes, 14 Kilometer langes Wegenetz und Laufstrecken. Zudem gibt es mehrere Sportplätze, Waldspielplätze und Hundeauslaufzonen.

genießen den grandiosen Blick auf den See. Anschließend wandern wir geradeaus weiter und passieren nach 260 Metern den **Großen Lehmteich** ❻. Der dicht bewachsene Tümpel ist klein, aber idyllisch. Wem bei schönem Wetter am Wienerbergteich zu viel los ist, der findet am Ufer des Großen Lehmteichs ein ruhiges Plätzchen für eine kurze Auszeit.

Wir folgen dem Forstweg, der uns leicht bergauf durch den Wald führt. Nach 400 Metern gelangen wir an eine Kreuzung, an der wir geradeaus weitergehen. Zwischen Kleingärten wandern wir nun zum Ausgang des Erholungsgebiets auf der **Neilreichgasse** und damit dem Ende unserer erfrischenden Wanderung entgegen.

Alles auf einen Blick

WIE & WANN:
Straßen und Forstwege; ganzjährig begehbar

HIN & WEG:
Auto: Parkmöglichkeiten in der Breitenfurter Straße, 1230 Wien
(GPS: 48.139105, 16.268306)
ÖPNV: Straßenbahn 60 bis Station Breitenfurter Straße; Rückkehr zum Ausgangspunkt: Bus 66A (Richtung Liesing) ab Kornauthgasse (circa 5 Minuten Fußweg über Kornauthgasse) bis Haltestelle Dirmhirngasse, von dort circa 15 Minuten Fußweg zum Ausgangspunkt über Breitenfurter Straße

ESSEN & ENTSPANNEN:
Das Chadim ❸ Friedrich-Adler-Weg 1, 1100 Wien, Tel. +43 (1) 6 16 78 98, www.das-chadim.at

ENTDECKEN & ERLEBEN:
Parkanlage Riegermühle ❶
Wohnpark Alt Erlaa ❷
Wienerbergteich ❹
Picknickwiese ❺
Großer Lehmteich ❻

Entspannung ✸✸✸✸✸
Genuss ✸✸✸✸✸
Romantik ✸✸✸✸✸

Essen am Wasser

- 11,1 Kilometer
- 4 Höhenmeter
- 3 Stunden
- Rundweg

Erfrischungstour 18

Die Alte Donau ist vor allem für eines bekannt: für Badespaß im Sommer. Aber der Altarm der Donau ist das ganze Jahr über einen Besuch wert – nämlich zum Spazieren und Wandern. Auf dieser Tour umrunden wir die Obere und Untere Alte Donau und genießen dabei herrliche Ausblicke und ruhige Momente am Wasser.

Unsere Rundwanderung beginnt bei der **Station Alte Donau** der U-Bahn-Linie U1. Wir verlassen sie in Richtung **Arbeiterstrandbadstraße** und biegen links auf ebendiese ab. Wir wandern geradeaus und überqueren nach knapp 140 Metern die **Wagramer Straße.** Danach halten wir uns ebenfalls geradeaus und gehen die Gasse **Fischerstrand** entlang. An deren Ende biegen wir rechts in den **Fischerweg** ein, um nach 45 Metern wieder links in den **Fischerstrand** abzubiegen. Hier befindet sich auch gleich unser erster kulinarischer Tipp: das Restaurant **Zur Alten Kaisermühle** ❶. Neben fangfrischem Fisch stehen auch österreichische Klassiker auf der Speisekarte.

Wir folgen der Gasse und gehen nach 290 Metern über den schmalen **Laberlsteg.** Hier haben wir zum ersten Mal einen tollen Blick auf das dunkelblau schimmernde Wasser der Alten Donau. Am Ende des Steges halten wir uns rechts und folgen dem Weg, der direkt am Wasser entlangführt. Nach 230 Metern gehen wir erneut über einen Steg und verlassen die kleine Insel. Wir biegen links ab und folgen dem Weg an einem Fußballplatz vorbei. Danach schwenken wir links in

*Die **Alte Donau** wurde im Zuge der Donauregulierung (1870–1875) von der Donau abgetrennt und ist seither ein Binnengewässer mit einer Durchschnittstiefe von 2,5 Metern. Die Wasserqualität wird streng kontrolliert und ist seit Jahren ausgezeichnet.*

Wasser, marsch!
Einmal um die Alte Donau

Erfrischungstour 18

den Weissauweg ein und treffen nach wenigen Metern auf den Laberlweg, in den wir rechts einbiegen.

Wir halten uns geradeaus und erreichen den Ernst-Sadil-Platz. Wir überqueren ihn und gelangen zur Gänsehäufelbrücke, von der man nicht nur einen tollen Blick auf die Alte Donau hat, sondern die auch in eines der beliebtesten Freibäder der Stadt führt, das Gänsehäufel ❷. Das Bad auf der 20 Hektar großen Insel lässt keine Wünsche offen – vom Sportbecken über Badestrände bis hin zu einem Hochseilklettergarten und mehreren Lokalen findet man hier alles.

Nachdem wir den Blick auf die Alte Donau genossen haben, überqueren wir die Moisslgasse und betreten den Cholewkapark. Hier halten wir uns links, um auf den Schnitterweg zu gelangen. Nach 40 Metern biegen wir links ab und folgen dem Weg. Wir kommen nun direkt ans Ufer der Unteren Alten Donau und wandern dieses entlang. Dabei passieren wir Kleingärten sowie mehrere kleine Bootsanlegestellen. Zudem gibt es eine große Zahl an Wiesen, die dazu einladen, Platz zu nehmen und den Blick übers Wasser schwei-

Blick aufs Gänsehäufel

Einmal um die Alte Donau

Untere Alte Donau

fen zu lassen. Kaum zu glauben, dass wir uns hier nur einige wenige U-Bahn-Stationen von der Wiener Innenstadt entfernt befinden!

Nach etwas mehr als 1 Kilometer geht der Schnitterweg in **Am Kaisermühlendamm** über. Wir wandern weiter geradeaus und genießen dabei den Blick auf den Fluss, die Segelboote, die man vereinzelt sieht, sowie die Schwäne, Möwen und Enten, die übers Wasser gleiten. Immer wieder finden sich ausgedehnte Schilfzonen am Ufer, die in der Brise leise rascheln. Weitere 750 Meter später erreichen wir das Ende der **Unteren Alten Donau** , von wo aus wir einen herrlichen Blick

*Beim **Lichterfest** kann man bei romantischer Beleuchtung mit Booten über die Alte Donau fahren und ein Feuerwerk bestaunen. Bei den Floating Concerts verwandelt sich das Gewässer in einen Open-Air-Konzertsaal (www.alte-donau.info).*

Für die Seele

Wir wandern rund um die Alte Donau, tauchen die Zehen ins blau schimmernde Wasser, lauschen den Möwen und genießen die Sonnenstrahlen auf der Haut.

Zahlreiche Stege laden zum Sonnenbaden ein

auf das Gewässer genießen können. Vor uns glitzert das blaue Wasser in der Sonne, auf den Badestegen tummeln sich die Sonnenanbeter und im Hintergrund sehen wir die Hochhäuser. Herrlich!

Wir wandern weiter und biegen links auf **An der Unteren Alten Donau** ab. Der Straße folgen wir nun für 3 Kilometer. Dabei kommen wir an mehreren großen Badestegen vorbei, von denen man ins kühle Nass springen kann. Zudem bieten sie Sitz- und Liegemöglichkeiten, um Sonne zu tanken. Hier kommt Urlaubsfeeling auf! Kein Wunder, dass die Stege bei schönem Wetter gut besucht sind. Auch wir nehmen kurz Platz und tauchen die Zehen ins Wasser.

Nach 3 Kilometern unterqueren wir die **Wagramer Straße** und folgen der Straße **An der Oberen Alten Donau.** Natürlich lässt es sich an der Alten Donau nicht nur sehr gut spazieren, schwimmen oder Boot fahren, sondern auch direkt am Ufer mit Blick auf die Skyline essen. Etwa in der **Ufertaverne** ❹, die wir nach 5 Minuten erreichen.

Der erste Teil der Straße führt noch zwischen Wohnhäusern hindurch, nach 1 Kilometer beginnt jedoch wieder eine ruhige Promenade, auf der wir direkt am Ufer entlangwandern. Ein Blick auf die gegenüberliegende Seite zeigt uns den Donauturm in seiner

*An der Alten Donau finden sich rund 40 **Gastronomiebetriebe**, die für kulinarische Erlebnisse am Wasser sorgen. Einige haben den Winter über geschlossen, andere setzen auf angepasste Konzepte, etwa Iglus am Steg (Das Bootshaus, www.dasbootshaus.at).*

Einmal um die Alte Donau

ganzen Pracht. Zudem reiht sich auch ein kostenloser Badeplatz an den nächsten. Die Entscheidung, wo man sich niederlässt, fällt hier wirklich schwer!

Wir folgen dem Weg für 1,3 Kilometer und biegen dann links auf den Birnersteig ab. Vom Steg aus haben wir nun einen wunderschönen Blick auf die Obere Alte Donau ❺ sowie den Donauturm. Während wir die Aussicht genießen, lauschen wir den Vögeln und lassen uns die Sonne ins Gesicht scheinen. Wir passieren das Strandbad Angelibad und biegen danach links aufs Dragonerhäufel ❻ ab. Hierbei handelt es sich um eine kleine Parkanlage mit Spielplatz, in der man picknicken, in der Sonne liegen und einen Sprung ins kühle Nass wagen kann.

Wir wandern den Weg geradeaus durch den Park und biegen an seinem Ende links auf den Jenischenweg ab. Wir folgen ihm und erreichen nach 5 Minuten die Arbeiterstrandbadstraße. Diese führt uns leider nun nicht mehr direkt an der Alten Donau entlang, dafür aber direkt zurück an unseren Ausgangspunkt. Davor passieren wir auf unserer linken Seite jedoch noch das Strandbad Alte Donau sowie auf unserer rechten Seite

Dragonerhäufel

Erfrischungstour 18

den **Donaupark** ❼. Dieser wurde im Zuge der Wiener Internationalen Gartenschau 1964 von einer ehemaligen Mülldeponie zu einer Parkanlage umgestaltet. In der 630.000 Quadratmeter großen Grünfläche finden sich neben mehreren Sport- und Spielplätzen auch der Donauturm, die Donauparkbahn, der Irissee und vieles mehr. Gleich neben dem Park befindet sich das **China Sichuan Restaurant** ❽, in dem man authentische Sichuan-Küche genießen kann.

Wir folgen der Arbeiterstrandbadstraße und erreichen nach circa 20 Minuten die U-Bahn-Station Alte Donau. Vom Bahngleis werfen wir noch einen letzten Blick auf das funkelnde Wasser, ehe wir wieder ins geschäftige Treiben Wiens zurückkehren.

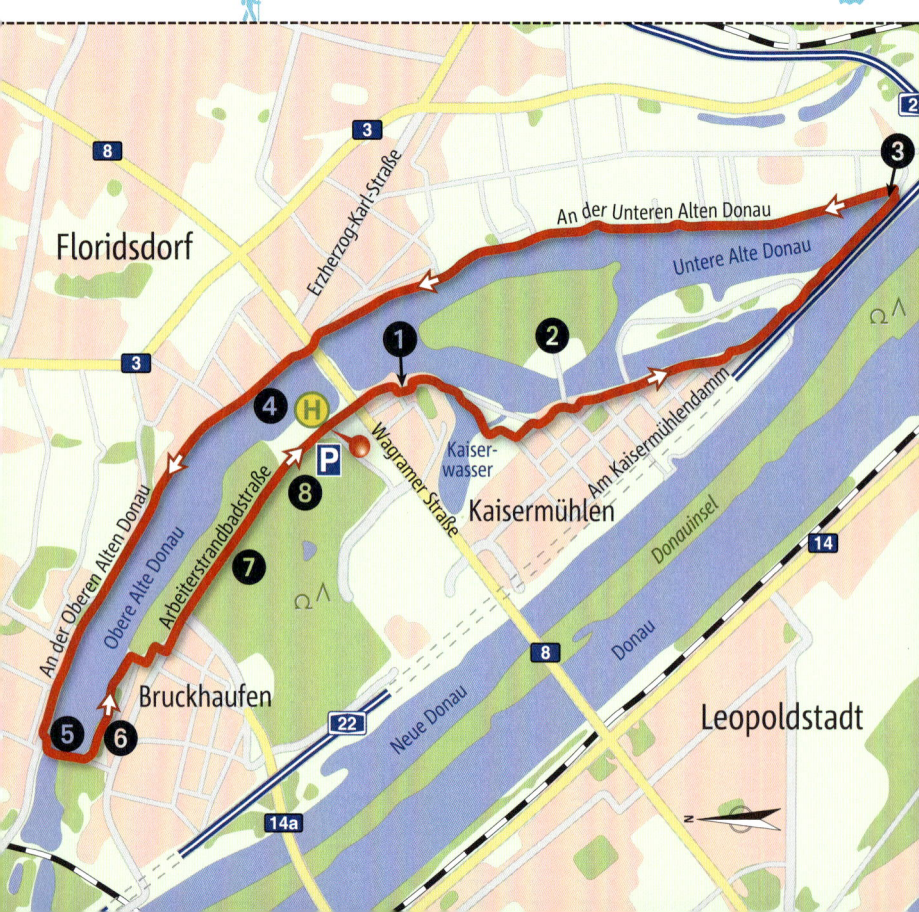

Alles auf einen Blick

WIE & WANN:
Straßen und befestigte Wege; ganzjährig begehbar

HIN & WEG:
Auto: Parkmöglichkeiten in der Arbeiterstrandbadstraße, 1220 Wien (GPS: 48.238381, 16.423383)
ÖPNV: U-Bahn U1 bis Station Alte Donau

ESSEN & ENTSPANNEN:
Zur Alten Kaisermühle ❶ Fischerstrand 6, 1220 Wien, Tel. +43 (1) 2 63 35 29, www.kaisermuehle.at
Ufertaverne ❹ An der Oberen Alten Donau 186, 1220 Wien, Tel. +43 (1) 2 04 39 53, www.ufertaverne.at
China Sichuan Restaurant ❽ Arbeiterstrandbadstraße 122, 1220 Wien, Tel. +43 (1) 2 63 3713, www.thesichuan.com

ENTDECKEN & ERLEBEN:
Gänsehäufel ❷ Moissigasse 21, 1220 Wien, www.gaensehaeufel.at
Blick auf die Untere Alte Donau ❸
Blick auf die Obere Alte Donau ❺
Dragonerhäufel ❻
Donaupark ❼

Entspannung ✶✶✶✶✶
Genuss ✶✶✶✶✶
Romantik ✶✶✶✶✶

Josefsteg

- 6,6 Kilometer
- 70 Höhenmeter
- 2 Stunden
- Rundweg

Erfrischungstour 19

Wir starten die Wanderung direkt beim **Nationalparkhaus Wien-Lobau** ❶. Bevor es losgeht, werfen wir noch einen kurzen Blick auf die Ausstellung tonAU und informieren uns über die Besonderheiten des Nationalparks Donau-Auen. Wir erfahren beispielsweise, dass die Lobau mit ihren 2.300 Hektar Fläche rund ein Viertel der Gesamtfläche des Nationalparks ausmacht und dass in die natürliche Entwicklung der Aulandschaft nicht eingegriffen wird. So wird Totholz etwa nicht entfernt, da es Lebensraum für zahlreiche Insekten- und Spechtarten ist. Mit diesem und weiteren Wissen ausgerüstet, machen wir uns auf in den Dschungel Wiens, wie die Lobau auch gerne genannt wird.

Geradeaus folgen wir dem **Dechantweg,** passieren auf der rechten Seite den Reitverein Donau-Auen und gelangen direkt in den Nationalpark. Informationstafeln geben Auskunft über Wander- und Radwege sowie die Verhaltensregeln im Naturschutzgebiet. Nach einem kurzen Blick auf die Karte folgen wir geradeaus dem Schild Richtung **Josefsteg** und betreten die Lobau. Schon nach wenigen Metern befinden wir uns mitten im Wald, dessen Laubbäume in den unterschiedlichsten Grüntönen leuchten. Die Vögel zwitschern und die Sonne scheint durch das Blätterdach. Kaum zu glauben, dass wir uns hier noch auf Wiener Boden befinden.

Wir folgen dem Weg, der eine Biegung nach links macht, und werden nach ein paar Metern auf einen Pfad aufmerksam, der rechts durchs Gebüsch führt.

*Der **Nationalpark Donau-Auen** bewahrt auf einer Fläche von mehr als 9.600 Hektar die letzte große Flussauenlandschaft Mitteleuropas. Dank diverser Revitalisierungsprojekte entwickelt sich die Tier- und Pflanzenwelt wieder zu einer artenreichen Waldwildnis.*

Wiens Dschungel
Runde durch die Obere Lobau

Erfrischungstour 19

Kaisermantel

An dessen Ende sehen wir das im Sonnenschein dunkelblau glitzernde Wasser der **Dechantlacke** ❷, auf das wir zugehen. Es erwartet uns eine Überraschung: Bei der Dechantlacke handelt es sich nämlich weniger um eine Lacke (österreichisch für Lache, Pfütze), sondern vielmehr um einen See, der vor allem für seinen FKK-Bereich bekannt ist. Neben dem Sprung ins kühle Nass lädt das breite Ufer auch zu einem kleinen Picknick ein. Zu diesem Zeitpunkt ist es noch etwas zu früh für eine Pause. Da wir auf dem Rückweg aber wieder hier vorbeikommen, merken wir uns diesen Platz für später vor. Über den schmalen Pfad kehren wir zurück auf unseren Weg Richtung Josefsteg. Zwischen der Dechantlacke und der Forststraße lohnt es sich, die Augen nach dem sogenannten Herzerlbaum offen zu halten. Der hohe Stamm des gefällten Baums erinnert an die Form eines Herzens.

Wir folgen dem Weg rund 700 Meter, ehe wir zu einer Kreuzung gelangen. Hier wenden wir uns nach links und stehen 150 Metern später vor dem **Josefsteg** ❸. Der 150 Meter lange Steg führt uns mitten

Nationalparkhaus Wien-Lobau

Runde durch die Obere Lobau

Dechantlacke

durch hohes Schilf und über das Schröderwasser. Libellen begleiten uns auf unserem Gang über die Holzkonstruktion. Auf halber Höhe entdecken wir mehrere Schildkröten im Wasser, vermutlich die einheimischen Sumpfschildkröten, über die wir im Nationalparkhaus gelesen haben. Am Ende des Stegs begrüßt uns eine herrliche Sommerblumenwiese, in der sich verschiedenste Schmetterlingsarten beobachten lassen.

An der Weggabelung halten wir uns links und folgen dem Schild Richtung **Saltenstraße Rundweg.** Statt durch den Wald spazieren wir nun über eine weite Wiese, die uns vor allem im Sommer aufgrund von Trockenheit an die afrikanische Savanne erinnert.

*Die **Lobau** ist Heimat von mehr als 800 Pflanzen, 30 Säugetier- und 100 Brutvogelarten, acht Reptilien- und 13 Amphibien- sowie 60 Fischarten. Mit etwas Glück bekommt man vor Ort Biber, Seeadler, Gottesanbeterinnen, Graureiher oder Eisvögel zu Gesicht.*

Für die Seele

Wir spazieren über summende Wiesen, durch dichte Wälder und vorbei an ursprünglichen Gewässern. Dabei begegnen wir tierischen Bewohnern des Nationalparks.

Mühlwasser

Gemeine Heidelibelle

Begleitet werden wir vom Summen der Insekten, die sich hier tummeln. Nach rund 600 Metern statten wir dem **Mühlwasser** ❹, das sich links hinter den Bäumen durch die Lobau schlängelt, einen Besuch ab. Ähnlich der Dechantlacke handelt es sich auch beim Mühlwasser um einen Naturbadeplatz. Der ehemalige Arm der Donau fließt auf einer Länge von mehreren Kilometern durch den 22. Wiener Gemeindebezirk und passiert auch die Lobau. Das dicht bewachsene Ufer lädt zum romantischen Picknick oder einfach nur einer kurzen Rast ein. Auch hier begegnen uns wieder jede Menge Libellen, die auf den Wasserpflanzen die Sonne genießen. Zudem bietet das Mühlwasser zahlreichen Fischarten wie Karpfen, Hechten, Welsen oder Aalen ein Zuhause.

Wir folgen dem Weg entlang einer weiten Wiese, passieren den **Nationalparkeingang Saltenstraße** und biegen rechts ab. Ganz gleich, ob man sich hier für den breiten Forstweg oder den Pfad über die Wiese entscheidet, das Ziel ist nach rund 600 Metern dasselbe: die Kreuzung **Saltenstraße/Vorwerkstraße.** An dieser halten wir uns rechts und folgen dem Schild zum **Nationalparkhaus.** Wer die Runde verlängern will, kann hier nach links abbiegen, um auf den Rundweg Panozza-

Runde durch die Obere Lobau

lacke zu wechseln (siehe Karte). Dieser 5,7 Kilometer lange Weg führt unter anderem über weite Wiesenlandschaften und zum Naturbadeplatz Panozzalacke.

Um den hier beschriebenen Rundweg fortzusetzen, halten wir uns also rechts und spazieren durch eine Allee mit riesigen Kastanien. Unter diesen finden sich mehrere Picknicktische, die zur Rast einladen. Wir machen es uns an einem solchen gemütlich, genießen die Sonne und die Stille. Dank des weitläufigen Wegenetzes der Lobau begegnen einem nicht so viele Menschen, wie man es für eine Großstadt wie Wien erwarten würde.

Nach der Pause folgen wir weiter der **Forststraße Vorwerkstraße,** die uns neben einem Feld wieder zum bereits bekannten Josefsteg führt. Auf diesem halten wir abermals Ausschau nach Schildkröten, entdecken dieses Mal aber nur einen kleinen Frosch, der durch das Wasser schwimmt. Das uns umgebende Schilf wiegt leicht im Wind, kurz schließen wir die Augen und erfreuen uns an der Sonne.

*Auf dem 10 Kilometer langen **Napoleon-Rundweg** wandelt man auf historischen Spuren. Die Route führt zu markanten Orten der Schlacht bei Aspern und Essling, die hier 1809 stattfand, sowie zu Napoleons Hauptquartier und dem Friedhof der Franzosen.*

Die Lobau ist von einem guten Wegenetz durchzogen

Erfrischungstour 19

*Im **Nationalparkhaus Wien-Lobau** finden regelmäßig Führungen durch die Ausstellung tonAU sowie spezielle erlebnisreiche Touren für Schulen statt. Direkt hinter dem Nationalparkhaus gibt es zudem einen großen Abenteuerspielplatz sowie Picknickbänke.*

Nach der Überquerung des Stegs folgen wir dem Schild in Richtung **Nationalparkhaus/Dechantweg** und betreten wieder den bewaldeten Teil der Lobau. Nach kurzer Zeit gelangen wir erneut zur Abzweigung, die zur Dechantlacke führt. Abermals biegen wir ab, um noch einmal einen Blick auf den See mit seiner kleinen Insel in der Mitte zu werfen. Die Ufer der Lacke laden nun zu einem genüsslichen Picknick ein. Noch einmal genießen wir die Atmosphäre des Nationalparks und lauschen dem Vogelgezwitscher sowie dem Summen der Insekten. Danach setzen wir unseren Weg in Richtung Nationalparkhaus Wien-Lobau fort. Dieses erreichen wir nach rund 700 Metern und beenden damit unsere Rundwanderung durch den Dschungel Wiens.

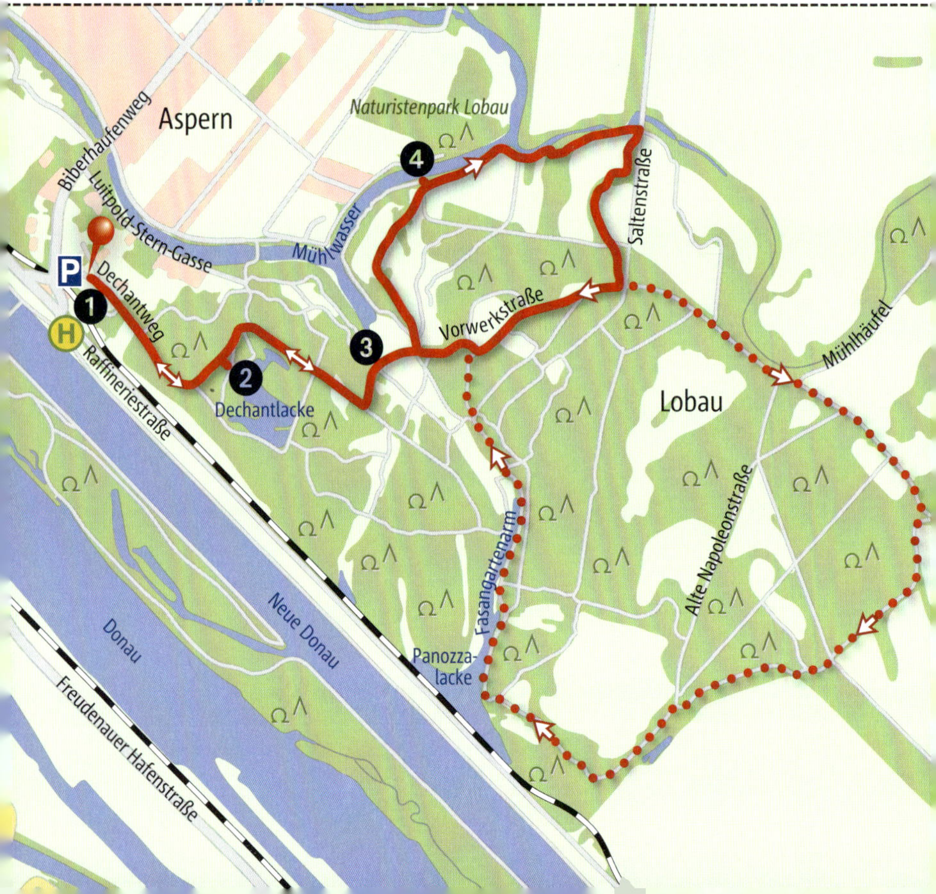

Alles auf einen Blick

WIE & WANN:
Forst- und Waldwege; ganzjährig begehbar

HIN & WEG:
Auto: Parkplatz Nationalparkhaus Wien-Lobau, Dechantweg 8, 1220 Wien
(GPS: 48.194354, 16.468521)
ÖPNV: Bus 92B bis Haltestelle Raffineriestraße/Biberhaufenweg, von dort circa 5 Minuten Fußweg zum Ausgangspunkt über Biberhaufenweg und Dechantweg

ESSEN & ENTSPANNEN:
Keine Einkehrmöglichkeit entlang der Route, bitte an Rucksackverpflegung denken.

Abseits der Route empfehlenswert:
Restaurant Roter Hiasl, Biberhaufenweg 228, 1220 Wien, Tel. +43 (1) 2 80 71 22, www.roterhiasl.at
Safari Lodge, Raffineriestraße 65, 1220 Wien, Tel. +43 (1) 2 82 77 30, www.safarilodge.at

ENTDECKEN & ERLEBEN:
Nationalparkhaus Wien-Lobau ❶ Dechantweg 8, 1220 Wien, Tel. +43 (1) 4 00 04 94 95, www.donauauen.at/besuchen/nationalparkhaus-wien-lobau
Dechantlacke ❷
Josefsteg ❸
Mühlwasser ❹

Entspannung ✵✵✵✵✵
Genuss ✵✵✵✵✵
Romantik ✵✵✵✵✵

Schwäne auf der Neuen Donau

- 13,3 Kilometer
- 11 Höhenmeter
- 3,5 Stunden
- Rundweg

Erfrischungstour 20

Radfahren, Inlineskaten, Surfen, Laufen, Baden – die Liste der Aktivitäten, denen man auf der Donauinsel nachgehen kann, ließe sich noch fortführen. Kein Wunder, dass das Freizeitparadies bei Sportlern so beliebt ist. Immerhin bietet die zwischen 1972 und 1988 errichtete Insel auf einer Länge von 21,1 Kilometern genügend Platz und ist autofrei. Auch zu Fuß lässt sich das Erholungsgebiet zwischen Donau und Neuer Donau bestens erkunden. Was man dabei zumindest im Sommer auf keinen Fall vergessen darf: die Badehose!

Wir beginnen unsere Wanderung bei der **Station Neue Donau** der U-Bahn-Linie U6 und verlassen diese über den Ausgang „Neue Donau". Wir biegen links auf den Weg ab, gehen geradeaus und gelangen direkt ans Ufer der Neuen Donau. Bei dieser handelt es sich um einen Seitenarm der Donau, der im Rahmen der Wiener Donauregulierung als Entlastungsgewässer für den Hochwasserschutz gebaut wurde. Zwischen der Neuen Donau und der Donau liegt die Donauinsel. Wir wandern geradeaus und folgen dem Weg, der nach etwa 200 Metern eine Biegung nach links macht und zur Straße **An der Neuen Donau** hinaufführt. Diese nehmen wir für 70 Meter, danach gehen wir rechts den Weg wieder hinunter zur Promenade. Hier kommt sofort Urlaubsstimmung auf. Leichter Wind weht uns durchs Haar, Möwen kreisen über uns und Enten und Schwäne gleiten durchs Wasser. Wir gehen unter der **Brigittenauer Brücke** durch und biegen danach auf den linken Weg ab. Kurz verlieren wir das blau schimmernde

Ab ans Wasser
Eine große Neue-Donau-Runde

Erfrischungstour 20

Wasser der Neuen Donau aus den Augen, als wir an einem Grillplatz und einer Wiese mit Picknickmöglichkeiten vorbeikommen. Vor uns erblicken wir den Donauturm, der mit einer Höhe von 252 Metern das höchste Gebäude Österreichs ist. Am Ende der Wiese halten wir uns rechts und folgen dem Weg geradeaus. Die Neue Donau zeigt sich uns abermals und mit ihr die Brigittenauer Bucht ❶. Diese ist regelmäßig Ort für Veranstaltungen. Zudem tummeln sich auf der kleinen Insel in der Bucht zahlreiche Wasservögel. Am Ufer lässt es sich außerdem gemütlich in der Sonne liegen.

Wir wandern am Wasser entlang und sehen vor uns den DC Tower aufragen, das zweithöchste Gebäude Österreichs mit einer Höhe von 250 Metern. Wir gehen weiter und erreichen nach kurzer Zeit den Copa-Beach. Hier gibt es eine große Anzahl an Sitz- und Liegemöglichkeiten sowie das griechische Lokal Rembetiko ❷. Zudem haben wir die Möglichkeit, uns Kanus und Stand-up-Paddles auszuleihen. Nur wenige Meter

Auch im Herbst ein Highlight

Ponte Cagrana

weiter treffen wir auf die **Ponte Cagrana** ❸, eine Pontonbrücke über die Neue Donau. Sie besteht fast vollständig aus Schwimmkörpern, einzig in der Mitte findet sich ein angehobener Steg, unter dem Boote, Surfer und Schwimmer sie unterqueren können. Der Weg führt uns geradeaus weiter unter der **Reichsbrücke** hindurch und an mehreren Schwimminseln vorbei, die im Sommer dicht belegt sind. Wer die Badehose oder den Badeanzug mithat, kann hier ins kühle Nass springen. Die Wasserqualität ist ausgezeichnet und aufgrund der geringen Tiefe ist das Nass im Sommer angenehm warm. Neben Schwimmern erblicken wir auch Windsurfer. Die Surfboards mit ihren bunten Segeln flitzen über das Wasser und ziehen die Aufmerksamkeit auf sich.

Für die Seele

Wir lernen das Naherholungsgebiet Donauinsel sowie die Neue Donau kennen, lauschen den Möwen sowie den Wellen und genießen das Urlaubsfeeling.

Erfrischungstour 20

Leuchtturm

*Die **Donauinsel** ist mit einer Fläche von 3,9 Quadratkilometern Wiens größtes Naherholungsgebiet am Wasser. Während der Nord- und Südteil naturnah angelegt sind, ist die Insel zwischen Brigittenauer Brücke und Kaisermühlenbrücke parkähnlich gestaltet.*

Nach rund 1 Kilometer treffen wir auf die **Kaisermühlenbrücke,** die wir überqueren, um auf die Donauinsel zu gelangen. Zuerst aber genießen wir noch den Ausblick von der Überführung. Uns zu Füßen liegt die dunkelblau schimmernde Neue Donau. In Richtung Südosten sehen wir die sportlichen Surfer übers Wasser gleiten, im Nordwesten erblicken wir die Skyline des 22. Wiener Gemeindebezirks mit dem DC Tower sowie im Hintergrund den Leopolds- und den Kahlenberg.

Wir gehen über die Brücke und biegen danach rechts auf den **Rechten Uferbegleitweg** ab. Dieser führt nahezu über die gesamte Länge der Donauinsel am Ufer der Neuen Donau entlang.

Wir folgen dem Uferbegleitweg geradeaus und erreichen nach 1 Kilometer wieder die **Reichsbrücke.** Wir unterqueren das Viadukt, auf dem sich nicht nur der Verkehr vom 2. in den 22. Bezirk tummelt, sondern auch die U-Bahn-Linie U1 fährt. Nach wenigen Metern stehen wir vor Wiens einzigem **Leuchtturm** ❹. Bei diesem handelt es sich aber lediglich um eine Attrappe. In den Jahren 1989 und 1990 war er nämlich Teil der Kulisse der Bregenzer Festspiele. Ob echt oder nicht, der Leuchtturm hat sich zum Wahrzeichen der Donauinsel entwickelt und versprüht maritimes Flair. Vom Fuße des Leuchtturms hat man einen fantastischen Blick auf das andere Ufer der Neuen Donau. Hier sticht uns nicht nur der DC Tower ins Auge, sondern auch die anderen Hochhäuser, die dort in die Höhe ra-

Eine große Neue-Donau-Runde

gen. Und in den nächsten Jahren werden es bestimmt noch mehr werden. Die Skyline erinnert uns ein wenig an Manhattan. Apropos Aussicht: Ungefähr 1 Kilometer weiter, auf Höhe der Brigittenauer Bucht, hat man einen famosen **Blick auf den Donauturm** ❺.

Wir wandern geradeaus und tauchen vollends ins Erlebnis Donauinsel ein. In regelmäßigen Abständen finden sich Schwimminseln für Sonnenanbeter; Jogger und Radfahrer begegnen uns, auf dem Wasser sehen wir Tret- und Ruderboote sowie Kanufahrer. Durch die naturnahe Ausgestaltung bietet die Insel auch vielen Tier- und Pflanzenarten einen Lebensraum. Begegnungen mit Rehen, Hasen und Bibern sind daher nicht unwahrscheinlich.

Blick auf den Donauturm

Wir gehen immer geradeaus weiter und unterqueren die **Brigittenauer Brücke** sowie den **Georg-Danzer-Steg**, auf dem die U-Bahn-Linie U6 fährt (hier könnte man die Wanderung abkürzen und zum Ausgangspunkt zurückkehren). Nach etwa 500 Metern erreichen wir die Floridsdorfer Brücke, die wir ebenfalls unterqueren. Kurz danach macht der Rechte Uferbegleitweg eine Biegung nach links um den **Zinkerbach.** Nach 5 Minuten verlassen wir den Uferbegleitweg, biegen links ab und folgen dem Weg leicht bergauf. Anschließend halten wir uns rechts und gehen geradeaus weiter. Nun befinden wir uns auf dem Rücken der Donauinsel. Hier ist mehr los als an der Promenade, da der Weg breiter ist und gern von Radfahrern

Auf der Donauinsel und am Donau-Ufer geht's tierisch zu! 70 Schafe werden auf der Insel als nachhaltige, umweltschonende Rasenmäher eingesetzt. Zudem lebt am Donau-Ufer auf Höhe des Handelskais seit Jahren eine verwilderte Kaninchenpopulation.

Aussicht von der Jedleseer Brücke auf Kahlenberg und Leopoldsberg

Jedes Jahr findet auf der Donauinsel das **Donauinselfest** statt. Drei Tage lang wird auf mehreren Bühnen ein abwechslungsreiches Musik- und Kulturprogramm geboten. Mit einer Besucherzahl von rund 3 Millionen ist es das größte Freiluft-Festival Europas.

genutzt wird. In regelmäßigen Abständen finden sich Picknicktische und Grillplätze, die vor allem bei schönem Wetter immer gut besucht sind.

Wir folgen dem Weg geradeaus und unterqueren den Steinitzsteg sowie die Nordbrücke. Vor uns eröffnet sich ein herrlicher Ausblick auf die Weingärten am Leopoldsberg und Kahlenberg (siehe Verwöhntour 10). Auch die Donau sowie das Donau-Ufer des 20. Bezirks hat man von hier aus im Blick.

Nach etwas mehr als 1,5 Kilometern biegen wir leicht rechts ab. Nach weiteren 150 Metern gehen wir links und folgen dem Weg kurz geradeaus, ehe wir nach rechts auf die **Jedleseer Brücke** ❻ abbiegen. Bevor wir die Donauinsel wieder verlassen, halten wir aber noch inne und erfreuen uns am Ausblick von der Brücke. Auf der einen Seite sehen wir nun den Leopoldsberg mit seiner Kirche sowie den Kahlenberg noch näher, auf der anderen Seite erkennen wir nicht nur den Weg, den wir zurückgelegt haben, sondern in einiger Entfernung auch den Donauturm und die Hochhäuser. Kurz hinter der Jedleseer Brücke befindet sich übrigens der Kirschenhain, der mit seinen

Eine große Neue-Donau-Runde

rosa blühenden Kirschbäumen im Frühling ein besonders beliebtes Ausflugsziel ist.

Nachdem wir die Aussicht genossen haben, überqueren wir die Brücke und kehren auf die uns bereits bekannte Seite der Neuen Donau zurück. Wir folgen dem Weg geradeaus und wandern oberhalb des Uferweges geradeaus. Obwohl es sich hier nicht weniger schlecht Rad fahren, inlineskaten oder laufen lässt, ist merklich weniger los als auf der Donauinsel. Nach 10 Minuten biegen wir rechts ab und wandern wieder zum Ufer hinunter. Dort angekommen, halten wir uns links und folgen dem Weg geradeaus. Abermals werden wir von lauter Schwänen und Möwen begleitet.

Nach 800 Metern erreichen wir die Nordbrücke und mit ihr eine uns bis dato noch unbekannte Facette dieser Wanderung. Unter der Brücke sowie der danach folgenden Ufermauer tobt sich nämlich die Graffiti-Szene Wiens kreativ aus. Jede Menge farbenprächtige **Graffitis** ❼ zieren die Mauern und mit etwas Glück kann man einem Künstler bei der Arbeit zusehen. Und auch wenn man es auf den ersten Blick nicht vermuten würde, fügen sich die bunten Kunstwerke hervorragend in die Natur ein.

Graffiti trifft auf Wasser

Erfrischungstour 20

Nachdem wir die diversen Schriftzüge bestaunt haben, wandern wir weiter geradeaus entlang der 380 Meter langen besprühten Ufermauer. Auch danach halten wir uns geradeaus und erreichen nach rund 10 Minuten die **Floridsdorfer Brücke,** die wir unterqueren. Unsere Wanderung neigt sich nun dem Ende zu. Wir halten kurz an und nehmen die Umgebung noch einmal ganz bewusst wahr: die angenehme Brise, die von der Neuen Donau zu uns weht, das Kreischen der Möwen und das Schlagen der kleinen Wellen. Kaum zu glauben, dass wir uns in einer Großstadt mit fast 2 Millionen Einwohnern befinden. Wir legen die letzten Meter am Ufer zurück und erreichen nach rund 10 Minuten wieder unseren Ausgangspunkt.

Alles auf einen Blick

WIE & WANN:
Asphaltierte Wege; ganzjährig begehbar

HIN & WEG:
Auto: Parkplatz bei der U-Bahn-Station Neue Donau, 1210 Wien (GPS: 48.246241, 16.395624)
ÖPNV: U-Bahn U6 bis Station Neue Donau

ESSEN & ENTSPANNEN:
Rembetiko ❷ Donauinsel, 1220 Wien, Tel. +43 (1) 2 63 66 33, www.rembetiko.at/restaurants/donauinsel

ENTDECKEN & ERLEBEN:
Brigittenauer Bucht ❶
Ponte Cagrana ❸
Leuchtturm ❹
Blick auf den Donauturm ❺
Jedleseer Brücke ❻
Graffitis ❼

Entspannung ✹✹✹✹✹
Genuss ✹✹✹✹✹
Romantik ✹✹✹✹✹

*Die GPS-Daten zu jeder Tour gibt es auf
www.droste-verlag.de*

© 2023 Droste Verlag GmbH, Düsseldorf
Konzeption: Droste Verlag, Düsseldorf
Satz: Vollnhals Fotosatz, Neustadt a. d. Donau
Einbandgestaltung: Britta Rungwerth, Düsseldorf, unter Verwendung von Bildern von
© Fotolia.com: Andrey Kuzmin, undrey, dabost, niroworld; © Shutterstock/Zigres
Fotos: Christine Gruber
Textlektorat: Mo Kreutzberg, Düsseldorf
Karten: Thorsten David, Bochum
Druck und Bindung: LUC GmbH, Greven

Alle Angaben in diesem Buch wurden sorgfältig recherchiert und geprüft.
Für die Richtigkeit der Angaben, für etwaige Unfälle und Schäden jeglicher Art
kann keine Haftung übernommen werden; die Nutzung erfolgt auf eigenes Risiko.
Abweichungen, die nach Redaktionsschluss erfolgten, konnten im Buch nicht mehr
berücksichtigt werden. Hinweise und Änderungen nehmen wir gern entgegen.

ISBN 978-3-7700-2403-2
www.droste-verlag.de